唐宝林　　著

大决战中
南京秘密战线

社会科学文献出版社
SOCIAL SCIENCES ACADEMIC PRESS (CHINA)

序　言

沙尚之

　　有关中共建政前的白区与城市斗争历史，在党史的叙事中从来是作为非主流来阐述的。在这一领域斗争中作为主角的所谓"地下党"的成员，其人、其事被遗忘、被淡化、被编造。近年来，有关谍战的影视作品，通过一般人难辨的、伪造的惊险情节和各种戏说，重新又引发人们对隐蔽战线的兴趣与关注。但是，它们留给社会的印象，是将当年复杂、立体的秘密战线斗争，简化成为个别人的间谍生涯。事实上，当年中共隐蔽战线的活动，绝非只有潜入间谍那样简单，情报、策反以及对中间反蒋派人士的统战工作，是其中重要组成环节，但其成败受到政治、社会、舆情、军事等各种形势的牵制与多种因素影响，并不是孤立的活动。

本书主要叙述的是国共大决战时期以中共中央上海局领导下的南京为主的地下斗争，也是中共城市白区斗争中，在积累了无数经验后发展最成熟的一个典型。

1947 年 5 月建立的中共中央上海局是一个中央局，它管辖的范围是：长江流域、首都南京、上海、西南各省（川西、川东、湖南、云南、贵州）以及平津南系党组织与党的工作，并在必要时指导香港分局的工作。它的工作内容非常广泛，包括：政治、经济、文化工作；民主统一战线工作；群众性社会运动，如学生、工人、职员运动等；国民党军政机构的情报、策反；白区干部的培训、组织发展；里应外合配合解放和准备城市接管；等等。南京是首都，自然成为中共中央上海局的工作重点。

南京的中共组织，自 1920 年代建党以后有过八次大破坏，市委书记先后牺牲于雨花台。陈修良是第九位南京市委书记，1946 年春她被中共华中分局派出重建南京市委。当初南京党员只剩二百来人，通过谨慎发展，到解放初达到两千人左右。这些秘密党员主要是各类知识分子（党内文化人、大中专学生、教员）、职员、工人，还有国民党政府公务员和军队及民主人士中的少数人士，以知识分子为领导主体。就是这样一些人，分散在各种岗位上与群众密切结合，像"酵母菌混在面粉中，只看到面团发起来而看不到酵母菌的存在"。这就是当年华中分局城工部部长沙文汉在培训白区工作干部时提出的要求。中共南京市委十分成功地实践了这个原则，当年陈修良曾高兴地听到国民党宣称：南京城里已经没有共产党了。

通过这两千左右秘密党员的创造性的努力工作，不但彻底瓦解了号称"固若金汤"的国民党全副美式配备的海、陆、空三军的长江防线，使解放军不战而屈国民党七十万江防守卫部队，完整保护了南京古城和人民的生命财产安全，而且在最严重的白色恐怖之下，自身的组织保持不被破坏。这可以说是中共历史上最为成功的一个隐蔽战线斗争案例，是很值得发掘与研究的。

唐宝林先生这本书反映的就是国民党统治心脏地区的隐蔽战线斗争情况，叙述了这一斗争在决定中国命运大决战中所起的重大作用。它不是小说，没有任何编造的情节，只是以朴素写实反映国民党的溃败和南京和平解放的历史真相，但是它颠覆了过去多年来关于解放南京的传统叙事。

需要说明的是，今天我们恢复历史的原貌，目的并非为隐蔽战线工作争功劳，因为功过是非，自有信史会评说。那些曾经冒着生命危险为胜利渡江、避免城市毁坏和军民重大伤亡做出过贡献的隐蔽战线上的中共党员和国民党起义军政人士是一批久被埋没的中国历史创造者，为他们发声是陈修良生前的重大心愿。

经过了大半个世纪后，今天回顾当年国共决战的历史，我们不能只从战争胜负、"成王败寇"这样的角度来论事，应该站得更高、看得更远，从民族整体的历史得失来进行评估。

国共两党成立早期均受到苏俄的影响，曾经有过两次短暂的合作，也取得过一定的成果，但其间更多的则是两党间的残酷斗争。抗战胜利后，本应建设一个多党合作、民主的联合政府以兼顾社会各方面发展要求，但执政的国民党仍信奉"打天下者坐天下"的信条，坚持"一个党、一个主义、一个领袖"的专制独裁治国方针，于是刚从抗日战争中走出来的人民又立即被推入国共内战的血海之中。以独裁专制保江山，不缺乏武力，却缺乏正义；不缺乏近利，却缺乏远虑，这也就在根本上决定了这条路走不出王朝轮回兴亡的规律。国民党的垮台，不是因为武力不强大、武器不先进，解放军的胜利进军，中共地下党所以在策反、情报和统一战线上屡屡得手，其根本原因也在于此。

以史为鉴，值得我们反思。在这个意义上，这本书不仅是历史，更是一面镜子。今天我们有责任做深刻的反思，从而为民族未来的历史走向做出理性明智的抉择，这才是这本书出版应当给后人的启示和意义所在。

2014 年 8 月于上海

目　录

前　言

中国共产党在 1927 年国民革命失败之后，被迫上山下乡，走了一条"农村包围城市"的道路，并且在 1949 年取得了胜利。但是在这个过程中，共产党始终没有放弃在城市的斗争，不过是转入了地下，俗称"地下党"、"地下斗争"、"秘密战线"。他们配合农村武装斗争，进行了艰苦卓绝的奋斗。这些共产党人和广大支持这场斗争的市民（包括知识分子、民主党派、工人、学生、国民党内军政人员等）为共产党最后夺取全国政权，做出了巨大的牺牲和贡献。1946 年起，这条战线被中共中央称为"第二条战线"。

但是，由于种种原因，这条战线上的历史真相是不明朗的，而且，随着岁月的流逝，这一代人纷纷进入了历史。他们带走了记忆，也带走了许多历史资料，给科学研究这条战线的历史带来很大的困难。

早在2008年，我在撰写完《陈独秀全传》后，从本书主人公沙文汉、陈修良夫妇的女儿沙尚之处获得了有关陈修良一生的传奇资料。这些资料是陈修良历尽艰险，用生命保存下来的，极其珍贵。在沙尚之的热情支持下，我首先写了《拒绝奴性：中共秘密南京市委书记陈修良传》一书，2012年由香港中和出版有限公司出版，受到了广大读者的热烈欢迎，至今长销不衰。

之后，我又获识陈修良任南京市委书记时的副手、朱启銮的女儿朱小蔓女士。她慷慨地向我提供了她父亲的许多资料，从而为我全景式、立体化地展示国民党在大陆溃败时中共秘密战线的整体状况提供了可能。

为此，我要衷心感谢沙尚之和朱小蔓女士的帮助。

本书最后的"附记"中，油画《424晴空万里·南京1949》系著名画家李斌所赐，解读画作的文章是冯翔先生读过《拒绝奴性：中共秘密南京市委书记陈修良传》后的缩写创作，文字正确而精当，附在本书结尾，是对本书最好的、特殊形式的总结，在此表示纪念并致谢！

同时，读者会看到，后人对历史的叙述总是有选择性和局限性的，犹如绘画区别于摄影，任何伟大的史家都难免。尤其由于秘密战线的特殊性和以上的困难，本人写作时，经常感到有些史料的缺失，但又无奈，只得期待读者的指教了。

唐宝林

2017 年 7 月 29 日 78 岁于北京

一 利剑是这样铸成的

（一）初出茅庐五卅中 声名大振起点高

这把把利剑是用特殊材料铸成的。首先我们来看看这位市委书记陈修良，她是一位巾帼英雄。

陈修良，原名秀霞，1907 年 8 月 19 日（农历七月十一日）与她的双胞胎姐姐陈维真出生在浙江鄞县宁波城内一个很会经营土地和商业的大地主资产阶级家庭。自然，这样的家庭原来乃是"甬城望族"之一。但是，这时已经衰败下来。小秀霞出生时，家产还有一些，如当铺、钱庄、土地（50 亩），还有商店的股份等，可以说是生于破落的书香门第和小康之家。

宁波是中国鸦片战争失败后最早开放的五大城市

之一，因此也是西方文化最早进入之地。于是两种文化冲突中，就产生一些与中国旧文化冲突的先进分子。陈修良母女就是这样的人。

陈修良三岁时，父亲病亡。此后，她便在喜欢新学和西医、具有新思想且十分能干的母亲的教养下，优异地成长起来。陈修良的母亲十七岁嫁到陈家，二十岁守寡，受封建礼教之害，苦度一生。但她为精心培养两个女儿，同时也帮助中共秘密工作，牺牲了自己的幸福。

母亲先是打破"女子无才便是德"和女子不能与男子同时受教育的旧规，请了家庭教师同时向同父异母的儿子与两位女儿授课。之后，母亲又坚决不让她们裹小脚，还请了洋家教，教她们英文和数学。她还反对女儿长大后只知道做贤妻良母，不让女儿只学做女人的事，如刺绣、缝纫、编织等，虽然她自己有一手好技艺。她是个女丈夫，也把两个女儿当成男孩来培养。因此经常向她们讲述当时流行的秋瑾烈士的故事。秋瑾在世时，十分痛恨这个重男轻女的社会，多次女扮男装出行，决不做贤妻良母，最后在孙中山领导的革命运动中，把生的机会让给同志，自己慷慨就义。陈修良的母亲不仅聪明好学，而且有叛逆精神，喜欢看禁止女人看的书，如《三国演义》、《红楼梦》、《水浒传》等，读了这些书，还有自己的看法，对女儿也很有影响。陈修良日后回忆说："在母亲的指引下，我自幼想作一个志士仁人，第一个印入我脑海中的伟大人物就是秋瑾烈士，后来就是孙中山先生。"①为此，她还一度把自己的名字改叫"陈逸仙"。

1922年，陈修良以一篇优异的文章考上了宁波女子师范学校。由于各门功课优秀，从二年级起陈修良被指定为班长，这是女师学生最高的荣誉。

1925年上海发生的共产党领导的"五卅"反帝爱国运动波及全国，也影响到了宁波，全市多数学校响应。陈修良代表女师参加了市学生联合会，领导起全市的运动，成为著名的学生领袖，她当时的名字"陈逸仙"几乎天天出现在报纸上。以当时宁波的第一大报《时事公报》为例，从6月3日至7月11日的运动高潮中，有25次提到"陈逸仙"的名字。如：1925年6月8日，在《学生联合会开会纪》的小标题下，报道说"陈逸仙等二十余人昨日在后乐园开会，通过议案

---

① 陈修良：《"众家姆妈"——陈馥的革命事迹（摘要）》，《浙江党史资料通讯》总第16期，1982年4月30日。

七项，第一项，教会学校学生住宿问题……"，那是因为当时几所外国人开办的教会学校，为了捍卫他们帝国主义的利益，大门紧闭，不准学生参加运动。学联会就组织其他学校的队伍去"冲校"，冲开大门，把里面的学生接出来。但是，学校当局宣布提前放假，不准学生再回校。于是学联会就要讨论这个"教会学校学生住宿问题"。

6月29日报载："宁波学生联合会，于昨日上午九时开代表会议，到三十余人，孙鸿湘因出席指挥会议，由裘古怀主席，陈逸仙记录。"为纪念"五卅"一周月，会议议决6月30日举行全市大游行，"由学联会转告各商，最好每店派代表一人，参加游行，臂上各缠黑布白字，以表哀悼。口号如下：（一）打倒帝国主义！（二）取消不平等条约！（三）民族解放万岁！"

有时，宁波学联会开会也由别人代替陈修良做记录。如6月16日《昨日学生联合会开会记》载："到会有周瑞赓、陈逸仙等二十余人。裘古怀主席，沙文威记录，四中代表提出议案五件：英人在汉口惨杀同胞八人案……"

这个报道表明，由于在同一个学联会中工作，陈修良认识了"沙氏五兄弟"中的老四沙文威。就是这个沙文威，后来做情报策反工作，并在上海局和陈修良为首的南京市委地下党领导下，在解放战争中建立了奇功，这都是后话。

十八岁的姑娘，已经在这市一级的大报上频频露面，成了一颗政治明星。

但是，她没有想到，这样的爱国行动是被政府当局和学校禁止的。校方令其退出学联，退出运动。她领导同学们坚决抵制。然而，这年9月新学期开始时，五卅运动已经进入低潮，学校和政府当局坚决镇压。为了保护大多数同学，陈修良听从中共地下党、团宁波地委书记潘念之①的指示，接受学校"开除"的处分，与另一位骨干离开学校。

但这个事件，对于陈修良来说，并不是坏事，她说："从此以后，我成了职业革命家了。"②

1926年初陈修良进入上海国民大学。她对于课程

---

① 潘念之（1902—1988），宁波共产党早期领导人，法学家，1953年蒙冤被中共中央华东局开除。陈修良：《致浙江省档案馆的信》（1956年12月14日），《沙文汉、陈修良自存文档》（以下简称《沙、陈自存文档》），2-1128；《怀念潘念之同志》，《陈修良文集》，上海社会科学院出版社，1999，第496—503页。

② 陈修良：《我走过的道路》（1989年手写稿），《沙、陈自存文档》，2-0023，以下凡第一人称的引文，除有另注外，皆出自此文，恕不一一注释。

已经不太感兴趣，最关心的是政治活动，一到上海就找到在宁波学联当过主席的孙鸿湘，要求参加共青团。孙就把她介绍给当时中共工人运动的基地——沪西区小沙渡路团的区委书记徐玮①，由徐玮介绍加入了共青团组织。他们的任务是搞学生运动，反对国民党右派争夺学生会领导权。这时，沙孟海先生在附近的戈登路租了两间平房，前面有一个小花园，他称这个寓所为"若榴书屋"。他的四弟沙文威（即史永）本是宁波第四中学学生（团员），与陈修良在同一学联，也因参加学生运动被校方开除，由团组织调到上海，也在小沙渡路团区委工作，住在"若榴书屋"内，徐玮与他们常有往来。

　　沙孟海一家有兄弟五个。沙孟海是老大；老二叫沙文求，是大革命年代在广州牺牲的烈士；老三沙文汉后来成为陈修良革命生涯的终身伴侣，但当时还没有见过面；老四沙文威后来在沙文汉领导下与陈修良一起在首都南京从事秘密战线的斗争；老五沙文度是一位艺术家，在抗战时期的延安"抢救运动"中被

---

① 当时徐玮是团区委书记，领导国民大学团支部。1928 年任浙江团省委书记时在杭州牺牲。

迫害，死于非命。

徐玮有时让陈修良到沪西纱厂去参加工人罢工、散发传单等活动，经受锻炼。初次参加这些实际的革命工作，陈修良觉得很新鲜，从而了解了工人的生活情况。大革命年代广东是革命的中心，国民政府设在广州，北伐开始后，缺少干部，需要全国各地支援，全国的青年也多希望去广州参加革命。

沙文求也来到上海，要求与陈修良同赴广州。徐玮为沙文求、陈修良写了介绍信给广州的团中央负责人施存统。1926年下半年，她同沙文求和庄炯结伴从上海去广州投身革命，走上了职业革命家的道路。

（二）暴风雨逆势翱翔　无私无畏意志坚

在国共合作下的广州，政治气氛同北洋军阀统治下的上海大不相同。1926年秋陈修良等三人来到当时被称为大革命中心的广州，顿然觉得换了人间，可以公开地到中山大学找团中央书记施存统。施安排沙文求进了哲学系，陈修良进了文学系。同时，又帮他们找到了在黄埔军官学校任教的张秋人，张那时已经身穿军装，不再是"五卅"时到宁波做宣传工作时那个穿长衫的穷书生模样。他是《政治周报》的编辑，在东山与苏联顾问鲍罗廷住在一起。东山住有许多重要人物，其中就有周恩来、邓颖超夫妇和《中国青年》编辑、青年运动的先驱者萧楚女。

中山大学的团员最多，有二百人左右，每星期要开一次团员大会，请中共负责人来讲演，陈修良在那里第一次听了周恩来做的形势报告。陈修良在团省委宣传委员会工作，又是中山大学团支部小组长。后来，由于她擅长写文章，两广团区委调她参加《少年先锋》编辑工作，与当时团中央宣传部长李求实一起工作。二人日久生情，由恋爱而结婚。

当时学校内部左右两派的斗争很激烈。中共坚决支持左派。学生党员都参加团组织，做团的工作，陈修良等广大团员的任务是争取群众拥护孙中山的三大政策，反对否定孙中山的右派。但当时党认为右派只是胡汉民、戴季陶、西山会议派那些人；蒋介石是"中派"，是争取的对象。张秋人告诉陈修良，据苏联顾问的意见，在北伐期间，只能讲"国共合作"，不宜讲蒋介石是反共的主谋者，所以"拥护蒋总司令北伐"的口号深入人心，谁也没有想到国共合作的前途怎样。

陈修良承认当时自己很幼稚，只觉得广州有言论自由，能在《少年先锋》上自由写文章，就感到很满意了。形势发展很快，北伐前线也不断传来胜利的消息，为了"拥护北伐胜利"，补充两湖干部的不足，中共中央决定调大批的党团员到湖南、湖北新占领的大城市去工作。1926年底，陈修良就与李求实等，在兵荒马乱中挤上拥挤不堪的军车奔向长沙，李任共青团湖南省委书记，陈是团省委宣传部训练干事，做团的训练班工作。

陈修良看到，共产党在城市中的势力不大，主要力量在农村，由于毛泽东等农运干部的努力，到处都组织了农民协会、妇女解放协会。陈修良参加了长沙一次群众大会，目睹了枪毙叶德辉和另一个土豪劣绅的情景，对这样的"革命"深感震惊。她后来回忆道："长沙城内有一个很大的广场，可容纳几万人，那次枪毙叶德辉的大会由群众团体主持。团省委同志多前去参加，大会组织得很有秩序，进场的要有单位证明，团省委没有用公开名义去参加，被阻止进入会场，后来找一个熟人，才放进会场。我第一次看到了杀人。那两个土豪劣绅被群众拉出来枪毙时，吓得浑身发抖，听见枪声一响，便应声而倒，地上留下一大摊鲜血，这个场面使人难忘，那天晚上我终于失眠，大约是精神刺激很深之故。"

但是，当时年轻的共产党人还不懂得革命的政策和策略，不会统一战线，集中打击主要敌人，同时照顾同盟者的利益。在北伐军后方（即北伐军占领的地方）大搞过左的工农运动，严重损害了北伐军将领们的利益。因为这些将领多数是地主、富农和资本家出身的。于是，靠苏联援助和共产党帮助迅速壮大的北伐军总司令蒋介石，在打进上海后，很快与帝国主义和江浙财阀为代表的反动势力勾结，在1927年发动"四一二"反共政变，大肆屠杀共产党人和工农民众。

政变对湖南的震动很大，但当地军阀还不敢公开反共，因为武汉政府以汪精卫为首的国民党左派还在掌权。这个情况同时也麻痹了莫斯科和共产党自己，主观认定汪是左派，还会与共产党合作下去，打到北京去的北伐目标没有改变。所以，大家对武汉政府抱着极大的幻想，湖南的农民运动还是如火如荼地发展着。但不久，传来湖南守军许克祥团长5月21日在长沙发动"马日事变"的消息，也对工农运动进行残酷的报复，大肆屠杀共产党人和革命群众，湖南省团委机关被破坏，李求实、陈修良的战友田波扬夫妇被敌人斩首示众。李、陈在政变前夕奉命调往武汉团中央工作，幸免一劫。

到武汉后不久，团中央组织部长李子芬找陈修良谈话，说党的汉口市委宣传部长向警予要一个女秘书，要她担任这一职务。对于向警予这个传奇人物，她早有耳闻，很高兴能够到这位老革命家身边工作，知道向警予是留苏、留法回来的，沉着的仪态、潇洒的风度也很让陈修良钦佩。汉口市委是中共五大后新成立的，书记罗章龙，组织部长何孟雄。市委宣传部设在楼下的一个厢房内，一切事无论大小都得承担，怪不得她急于要找一个助手来帮忙。尽管陈修良还是一个团员，政治上尚幼稚，对于党的事务也不熟悉，但是向警予信任她，放手让她干，还让她去给干部上课。

这时，由于蒋介石在上海发动"四一二"政变，包括武汉在内的整个革命形势已经十分危急。许多革命者预感到革命很快会失败，纷纷消极、脱党、退党，离开革命而去。而陈修良逆流而进，觉得一个团员做一个党的重要机关的工作，总有些不妥，于是就要求入党。向警予即介绍她入党，她慎重地填了一张表，到组织部去找何孟雄，不久就被批准入了党。

正式加入共产党，是一件神圣的事情，尤其在党和革命正处于严重危机的情况下，但对于已经把一切都献给党和革命事业的陈修良来说，却也是很自然的事。

武汉的情况同长沙又很不相同，党和工会是公开的，武汉有数十万工人群众，声势相

图1-1 1927年任向
警予秘书的陈修良

当浩大。工人运动搞得热火朝天，市里到处是拿着枪棍、臂上套着红袖章的工人纠察队员，随便抓人、游街，断绝交通，而且经常罢工，提出种种过高的要求，使许多资本家不得不关闭企业。但是，这其中的隐患，没有人注意。在宣传部，陈修良的主要工作是办干训班。湖北省总工会委员长是向忠发，刘少奇任全总的秘书长。总工会经常开会，特别引人瞩目的是赤色职工国际驻中国代表罗佐夫斯基也在武汉，还在武汉召开过一次太平洋劳动大会，到了许多外国代表。会场上贴着大幅红布标语，真是"赤都武汉"、"革命的中心"，用斯大林的话说是

"中国的莫斯科"。①　大家再度被表面的高潮气氛所迷惑。

于是，汪精卫为首的武汉国民党与各军将领联合，在 7 月 15 日，又一次发动了对共产党和革命群众的突然袭击。共产党被打入血泊之中，转入地下。由于党的紧急安排，陈修良事先转到上海，准备被派往苏联学习。因为大批在反革命捕杀中幸免的同志都要到苏联去，组织上决定让她担任这次赴苏的组织工作。这时，陈修良的姐姐在上海担任团中央的内部交通。这个机关由陈修良的母亲出面承租下来，她到了上海也住在那里。

陈母在"四一二"政变之前一直没有离开过宁波，为掩护机关做了许多工作。"四一二"以后，宁波党的主要干部杨眉山、王鲲牺牲后，她出钱安葬。她在宁波危险很大，宁波地委要陈母到杭州，后来转到上海，为团中央关向应等同志住机关。就

① 《斯大林给莫洛托夫的信》（1926 年 9 月 23 日），俄罗斯科学院远东研究所、俄罗斯现代历史文献保管与研究中心、德国柏林自由大学东亚研究会联合编辑《共产国际、联共（布）与中国革命档案资料丛书》第 3 辑，中共中央党史研究室第一研究部译，北京图书馆出版社，1997，第 537 页。

这样，在经历了严重的白色恐怖后，陈家三口在这种患难的时候相见，真是莫大的幸运！三人都活下来了，尤其是陈修良，多次躲过劫难，特别是"宁汉合流"后的武汉大屠杀。

革命与反革命的血腥搏斗，使陈修良更加坚强、成熟起来。她已经把个人的生死看得很轻，决心不屈不挠地为共产主义事业奋斗到底。

（三）嫩枝磊落斗奸佞　被捕法庭巧周旋

1927年秋陈修良在上海整整待了一个多月，接待和安排各地被打散后派遣赴苏联学习的同志。他们多数是从湖南、湖北撤退下来的，也有上海本地及从江苏、浙江来的。大部分是党员，少数是团员，也有极少数群众积极分子。当时上海还在国民党特务搜捕的白色恐怖中，所以接待工作必须十分谨慎。陈修良先把他们逐个秘密地安排在旅馆中，接上组织关系后，由各小组分别联系。

对这批赴苏的中国学生，中共中央成立了一个领导机构，叫作"主席团"，实际是支部委员会。团长阮仲一，组织委员陈修良，宣传委员袁家镛。委员还有张崇德等二人。陈修良联络了几个小组，内中有冯稚望（即冯定）、冯俞相（冯定的妻子）。

10月下旬，等待的机会终于到来了，一艘去海参崴的货轮停泊在吴淞口外。他们将从上海外滩坐小渡船到货轮。这段路是很危险的，在同一时间有这么多青年上苏联货轮，万一引起敌人的注意，恐怕一个也跑不了，都会被抓进巡捕房。因此这天晚上，他们神经紧张，尽量分散，在茫茫夜色中偷渡黄浦江登上苏联货轮。陈修良一个个点名，唯恐落下一个，幸而全部按时到了船上，才松了一口气。一个20岁的姑娘，完成这么一个艰巨而危险的任务，没有出一点纰漏，大家都向她投去钦佩的目光。这可以说是她入党后从事秘密工作的第一次锻炼。

在苏联期间，陈修良由于不愿跟从王明小集团诬陷和迫害正派的同志，受到了王明集团的孤立、排挤和打击，个人精神和生活上曾十分痛苦。当时苏联共产党摆出"老子党"的架势，偏听偏信别有用心的王明集团的阴谋，对学校中不愿意跟他们走的中国同志开展"清党"运动。这是苏联共产党乃至整个国际共产主义运动"清洗"异己及一切反对派别的重要步骤。当时学校中有学生500人左右，这些学生几乎都是党团员。在这次"清党"中有一半左右的同学遭到不同程度的处罚、流放或秘密枪毙。许多精英不是死在自己祖国的战场上，而是冤死异国"兄弟党"的屠刀下。

"我很危险，幸而在轮到清查我之前，奉中共代表团之命调回中国，没有去参加清党，所以也没有受过处分。"晚年陈修良回忆莫斯科中山大学"清党"运动时，还如此心有余悸地说。

在苏联期间，国内的李求实因工作的需要，经组织批准，与助手陈怡君结婚，这使陈修良十分痛苦，中共驻共产国际代表团成员余飞是中央委员，是一个有妇之夫，隐瞒实情，欺骗陈修良与他结了婚。

回国需要偷越国境线，十分危险。1930 年 7 月，陈修良与余飞、陆定一、邓中夏从莫斯科到上海。途中，到绥芬河的一个铁路终点站下车，就不能再坐火车了。因为中国军队布满车站，准备抓捕苏联回来的共产党人，危险很大，只能步行，而且时间是在晚间。他们走到了一个联络站，那里有一个苏联妇女招待吃饭，要他们换上中国衣服，所有苏联制造的衣服鞋帽一律不准穿着过境。于是大家都打扮成中国普通老百姓，如做生意的行商模样，连夜坐了一驾马车在大雨中驶到边境。天快亮时大家不顾一切跑步过境，那个地方是长白山脉的高山，大家拼命翻过许多山头，走得筋疲力尽，方才走到了平原，那里已经是中国地界，祖国到了。苏联的交通员还要陪同一起，但距离拉得很远，互相装着不认识，以防被中国侦探看到。这样惊险地走到一个苏联人在绥芬河开的小酒店，又由交通员带进去请他们吃顿饭，并送来到哈尔滨的火车票，然后他们悄悄地走上火车。这里当时是白俄世界，在这里不但要注意中国的军警，还要注意机灵的日本便衣。

由哈尔滨坐火车到大连后，他们住进一个小旅馆，全是炕床式的房间，过了一夜后即坐船到了上海。

根据预先约好的关系，陈修良住进上海四马路（今福州路）一个小旅馆，过了几天邓中夏就来分配她到江苏省委领导的工会方面去工作。那个时候重要工作是搞工人运动，在苏联时她已学了一点纺织技术，准备进纺织厂去当工人。

陈修良自然很快地找到了自己的母亲。当时母亲住在上海法租界贝帝鏖路。母女三年不见，又诸多磨难，不禁紧紧拥抱，泪流满面。母亲还在为党住机关，看到女儿这个样子，说是不行，立即为她做了一套湘云纱衫，她就这样冒充"女工"，到江苏省委领导的纱厂工会去报到了。

这时党中央书记名义上是向忠发，工人出身，不懂理论，也无领导全面工作的经验，掌握实权的是李立三（中央宣传部长）。李立三坚决执行共产国际的决议，认为全世界的革命高潮快到了，即所谓"第三时期"，命令各地取消党、团、工会的各种组织，成立统一的"行动委员会"——指挥武装暴动的机构，发动红军和革命群众武装进攻上海、武汉、长沙等大城市，并在这些城市发动罢工、武装暴动，争取一省或数省首先胜利，推动革命高潮的到来。

这是一条没有革命形势而制造革命的典型的"左"倾盲动主义路线。

陈修良刚从苏联回来，憋着一股劲，对于新分配的工作当然没有什么意见，绝对服从组织决定，多冒险的工作也要好好干一场。同时她对革命这样的搞法正确与否也不懂，一切相信组织的。她到虹口区丝厂集中的地方工作，丝厂工会已经成为总同盟罢工的"行动委员会"，书记叫阿金，是省委书记李维汉的妻子金维映。阿金让她去发动某一厂的"罢工"，然后用这个厂的罢工去冲击别的厂，叫作"冲厂"，以形成"总同盟罢工"的形势。但是，当她化装成宁波乡下来的陈小妹到一个厂去的时候，在厂门口就被租界密探逮捕了，关进了看守所。

两次审讯时，国民党特务曾收买一位女工，咬定陈修良是共产党员，来厂是煽动工人罢工的。她却沉着冷静，始终以一个乡下人到厂里来找丈夫要生活费的假口供，蒙混过关，没有暴露自己的身份。几天后，党组织请律师把她营救了出来。

这一次小事件，对于陈修良这个年轻党员来说，因为是第一次，具有特殊的意义。她非但没有惊慌失措、动摇，而且由于应付得当，没有暴露身份，更没有暴露组织，得到了党组织的表扬。被共产国际临时派回来纠正立三路线的负责人瞿秋白的夫人杨之华还到她家来慰问，说她经得起考验，很热情地称赞她的沉着勇敢，并说："党中央对你的临危不乱，非常称赞。"杨之华是代表党中央来慰问的，同时也通知她新的工作调动：决定调她到全国海员总工会去担任秘书。这说明她又成熟了一大步，获得了党的更大重视和信任。

全国海员总工会（"行动委员会"）的党团书记

是陈郁，广东省港大罢工的工人领袖，是中央委员，为人富有正义感，也有丰富的革命运动经验。大革命失败时，海员们多在外洋，被捕被杀者相对较少，还保留一部分革命的实力。因此陈郁在他们中的威信很高，那些老海员非常热情地接待他，呼他"阿郁"。陈修良经常跟他上船，在他身上学到许多优秀革命者的品质。

陈修良在海总的主要工作是帮助陈郁编发机关报《赤海报》。但是时间不长，当1931年1月，在共产国际代表米夫支持下，从莫斯科回国的王明集团以不正当的手段夺取党中央领导权，推行新的更加"左"的路线时，陈修良在陈郁支持下，写文章抵制，结果遭到严重打击和迫害；陈郁在康生主持的海总会议上被迫做了违心的检讨后，被派去莫斯科学习，但到苏联后就被"无情斗争"，清算他的右倾机会主义老账，被送到西伯利亚劳改六七年，在零下三十摄氏度的严冬中，过着苏武牧羊式的生活。直到抗战以后，才由周恩来向共产国际提出，让陈郁重返延安。1945年党的七大开会时，陈郁被选举为党中央委员，他不愿投王明的票，在毛主席的动员下，只好投了一票。陈修良听后，不觉惊叹至极，他真是宽大为怀！

陈修良因不检讨"反中央"的错误，被"停职"了，由余飞单独与中央联系，几次要求分配工作都被置之不理。

1931年4月24日中共中央政治局委员顾顺章在汉口被捕叛变，这是中共历史上一个带有转折性的大事件。这个事件与王明集团在党内的"残酷斗争，无情打击"使中共在城市的组织遭到很大破坏。顾顺章当时参与领导中央特科工作，知道党中央在上海的几乎全部机关，被捕后即投降告密。

在这决定中共中央命运的关键时刻，出现了一个中共隐蔽战线上的传奇人物——钱壮飞。钱当时任中央组织部党务调查科（国民党中统局特务机关前身）主任徐恩曾的机要秘书，负责收发报工作；又与中共中央联系，曾为早期红军反"围剿"的胜利多次提供重要军事情报，建立了特殊功勋。这次他把顾顺章叛党的消息报告中共中央后，周恩来采取了一系列措施，撤离顾顺章可能知道的一切机构和人员，最大限度地保护了党的力量，随后又把党中央撤到江西革命根据地。

陈修良因被停职，又及时转移了住地，也度过了这场危机。在得知党中央迁往苏区后，她仍要余飞设法向党中央申请要求工作，甚至愿意到苏区去，表示了对党的赤胆忠心。余则借口身体不好，回安庆老家休养。

沙家老三沙文汉，1925年入党，曾与陈修良同期在苏联留学。二人认识，还因相同观点反对王明集团的倒行逆施，同情瞿秋白，也有被王明集团打击的遭遇，结下友谊。他比陈修良早一个多月回国，开始曾担任上海法南区团区委书记、青工部长等职。王明上台以后，为了报复他在苏联时接近瞿秋白，不分配正式工作，在区委"帮助工作"，在沪东区工作时取消过一次"飞行集会"。当时的职业革命家，没有工作分配，组织上就不给任何生活费，沙文汉因此完全没有其他生活来源，贫病交加，就由大哥沙孟海介绍到安庆的安徽教育厅任科员。

沙文汉到安庆后，按陈修良告诉的地址去找过余飞，并有往来。1932年9月，余飞在安庆遇见一个已成为叛徒的留苏同学王晴白，后者将他告发了。余飞被捕受刑后，当即说出了沙文汉和陈修良的地址。军警到教育厅抓捕沙文汉时，他恰好不在，晚上11点回宿舍时得讯，立即逃脱，跑到余飞妹妹家里。余飞的夫人梅彬也是党员，躲在这里告诉他余飞出事了。沙文汉想到上海陈修良的处境危急，立即打一个电报告知陈修良："阿才①因病入院"。避过风头后，沙文汉打扮成一个挑担的小商贩，乘船回到上海。

接到沙文汉来电，陈修良明白了形势的严重，立即搬出原居住地，与母亲及沙文汉在南昌路一个白俄家里租了一间房子，彻底隐蔽下来。不久后，余飞果然到上海和宁波到处找陈修良，要劝说她一起叛变，并且在《中央日报》公开声明自首，反共。报纸上甚至还登出了陈修良以前写给余飞的要求去中央苏区的信，报道"正在查缉中"云云。

（四）孤雁东飞有伴侣　飘零扶桑做情报

此时，陈修良和沙文汉都失去了与党组织的联系，并且被国民党通缉。由于陈的外祖父去世，陈母得到一大笔遗产，他们的生活倒是无忧。于是他们积极寻找组织。

----

① 阿才是余飞的小名。

沙文汉想到他在东亚同文书院一位同学汪孝达①是一个可靠的党员。当时沙文汉任该院团支部书记，二人志趣相投，十分友好。沙认为他是忠诚、勇敢、好学的好同志，他在日本东京学医，可能有党的关系。

---

① 汪孝达，1913年出生于浙江省奉化县一个旧职员家庭。五卅运动爆发后，他成为领导学生运动的奉化学联会的主要成员之一。1926年入团，1928年加入共产党。1930年，汪孝达从东亚同文书院毕业后，去日本东京学医，在东京中国人支部担任宣传工作。九一八事变后，他以无比愤怒的心情，散发日文传单，抗议日本帝国主义侵略中国，被日本当局逮捕。因没有一点口供，1933年春被驱逐回国，到上海担任共青团江苏省委外兵部负责人，做外国水兵策反工作。1934年1月开会时，因叛徒出卖，在租界被捕，后被转交给国民党，以"危害民国"罪被关押。1935年，经家人多方奔走，通过邵力子和亲戚周国钊（时为南京国民政府军政部军需署出纳科长）的营救，被保释。同年，汪孝达因姐夫张学钦在西安禁烟局任职的关系，到该局当职员，与党组织取得了联系，又通过一位友人结识了东北军卫队营营长孙铭九。他向孙晓以民族大义，宣传党的抗日政策。孙得到张学良的同意，决定仿红军建制，首次在东北军卫队营设指导员，聘请汪孝达担任该职。汪孝达以火一般的热情，教士兵们唱爱国歌曲，带领士兵上街写抗日标语，提出"中国人不打中国人"、"东北士兵应该打回老家去"等口号，进行爱国主义教育，深得广大士兵的欢迎。西安事变爆发后，他又教育大家，应从民族利益着想，从大局看问题，联蒋是为了实现民族的抗战，解决事变后东北军的分裂问题。1937年1月，他来到延安，在陕甘宁边区保安处任教员。在康生一伙掀起的"肃托"运动中，他竟以"日特"、"托派"的罪名，于1938年10月被杀害。

两人商妥后，沙文汉立即去信东京，问汪孝达有无组织关系，汪回答"家里有人"，表示肯定，要他们速去东京面谈。陈修良母亲非常支持他们离开上海到日本去，生活费用由她负担。并且，考虑到今后东渡扶桑、异国他乡的生活，她积极主张女儿与沙文汉的婚事。1932年11月，沙和陈在上海结婚。1933年2月，他们束装共渡太平洋，前往东京，寻找党的组织和见识世界。

沙文汉1928年在上海东亚同文书院学习过日语，陈也略知道一些基本语法，所以去日本的困难不大。他们先到神户，然后坐火车到东京，汪孝达已为他们租了一间房子，并托陆久之照顾生活。可是不久，汪还没有帮助陈、沙接上组织关系，因进行反对日本侵略中国的活动，被日本警察逮捕，然后驱逐回国。

陆久之是一位特殊人物，与国民党高层有许多关系，后来成为蒋介石夫人陈洁如的养女陈瑶光的夫婿，也可算蒋的女婿。他在大革命时期就参加过上海工人三次暴动，后来周恩来派他打入黄色工会中，探听消息。

图 1-2

沙文汉、 陈修良在
日本寓所

陆久之为共产国际红军远东情报局工作，在一般情况下不能暴露自己的党员身份，也没有被允许介绍别人入党或接受组织关系。陆要求沙、陈同他一起工作。沙、陈只知他是为共产国际远东红军参谋部搜集军事政治情报的。当时这项工作是一件光荣的任务，所以也就暂时接受了陆的安排。

陆久之介绍了一些日本的青年同沙文汉交朋友，多谈学术上的问题，以使他初步了解日本的一些情况。他们主要是通过报刊收集日本方面一些政治、经济的情况，以观察日本侵略中国及有无可能侵略苏联的动向。他们渐渐地了解到日本正在积极准备进犯中国，而国民党政府却醉心于"围剿"江西苏区的红军。

当时，他们不知道在日本为共产国际远东红军参谋部做的情报工作有多么重要的战略意义。这个工作是由苏联最高领导人派往日本的杰出情报人员佐尔格所领导。佐尔格小组运用各个情报员提供的材料，对日本侵略中国情况、德国是否及什么时候侵略苏联、日本会不会配合德国夹攻苏联等战略及战术的情报进行综合和分析，提供给苏联的最高领导，为苏联的卫国战争胜利做出了杰出的贡献。佐尔格以后被捕牺牲，被追认为"苏联英雄"，沙文汉夫妇关于经济政治信息的收集研究工作，也是这个情报网的一个组成部分。①

1934 年夏，沙文汉的四弟沙文威来到上海。在通信中沙文汉夫妇向四弟打听"家里有没有人"，沙文威告诉他们上海"家里有人"。陈修良和沙文汉兴奋极了，匆匆搭上轮船从日本回到上海，直奔四弟在徐家汇的住所。四弟没有工作，生活很苦，靠微薄的生活补助费活着。

但是，不久上海临时中央局书记李竹声（王明的

---

① 参见杨国光《谍海巨星左尔格》，学林出版社，2002，第 118 页。

亲信）、盛忠亮先后被捕叛变，致使中共在城市的组织再次遭到空前的大破坏。经过一个时期的了解，他们略知党的中央、省委、各区委领导机关已经全被破坏了，但也有迹象表明，还有党员在个别地活动着。他俩称自己是"孤鸿落雁"，找不到组织关系。

陈修良回忆说："不久，中央特科就派了高原来同我们接洽，他也知道我们在东京的关系，这真是'踏破铁鞋无觅处，得来全不费工夫'，我们回到了原来的组织中去了。"

高原同陈修良、沙文汉谈了不少上海党的情况并分配了他们的工作：沙文汉因为日语较好，中央特科让他同几个日本人联系，继续获取日本方面的情报。

高原更强调抗日宣传工作。"目前最重要的是发动群众，进行抗日救亡；能够执笔的，就要拿起笔来战斗，宣传抗日。""根据你们的特长，还是去搞文化工作，例如可以文化人的身份，发表抗日文章，这是没有硝烟的战争，同样可以打击敌人。"1930年代，尽管上海的白色恐怖严重，但是新闻、出版还是有着相当大的自由空间，这给残存于城市的中共提供了活动和恢复的重要条件。通过写作，他们还能够解决一部分生计问题，并得以在社会上站住脚。

（五）帮助上海重建党　孤岛文化战鼓擂

1935 年 9 月，中央特科在上海结束工作。1936 年春天，在他们开始新的斗争历程时，恰巧，陕北的党中央正式派出冯雪峰到达上海，准备重建上海党组织。冯雪峰到上海后通过鲁迅的关系，从文化界着手找到左联残存的少数党员，其中有王尧山。潘汉年当时主要做情报与上层统战工作，高原随后就把陈修良和沙文汉的关系转到地方党。

使他们感到高兴的是，统治了党多年的"左"倾盲动主义思想此时已开始转变。沙文汉被派到救国会工作，以救国会组织干事的名义进行活动。他的主要任务是根据党的新的抗日民族统一战线政策，帮助救国会克服内部的"左"倾关门主义和冒险主义作风（如经常发动游行示威），要把救国会办成名副其实的广大群众的救亡组织，以推动抗日运动的发展。

孙冶方当时在中国农村经济研究会工作。他同陈翰笙、钱俊瑞、薛暮桥、徐雪寒等关系密切。陈修良由孙冶方介绍认识了薛暮桥的爱人罗琼。罗琼又介绍她参加了上海市妇女界救国会的活动。这时，陈修良的联系人是赵伯华，工作范围是上海整个妇女界，而且与罗叔章、沈兹九、罗琼、史良等著名的妇救会上层人士关系密切。"妇救会"是个有着广泛群众基础的群众团体，并办有刊物《妇女生活》。该刊物的主编是沈兹九，编委中有朱文央、季洪、罗叔章、姜平（即孙兰）、王汝琪等一些文化女性。有了这样一个强大公开的关系掩护，党员在其中的活动没有遭到敌人的注意。

陈修良积极地在《妇女生活》等杂志上发表文章，宣传妇女在社会上的地位、责任、作用和前途，动员她们积极参加到抗日斗争中来。这时她才三十岁，风华正茂，不仅脑子快，笔头也健。1936 年 9 月至 1937 年 3 月，她以"莫湮"为笔名发表了九篇重要文章，如《中国妇女到哪里去》①。文章叙述了当时社会上对妇女问题的两种"理论和趋势"，批评了主张妇女应该"回到厨房和家庭"去做贤妻良母的观点，论述了"在人口上占着半数的妇女"，应该"与男子立于平等的地位，有同等的能力"；社会应该"吸引广

---

① 署名"莫湮"（以下几篇文章皆用此名），载《东方杂志》第 33 卷第 17 号，1936 年 9 月 1 日。

大的妇女群众，来直接参加社会改革工作，在工作中来教育妇女"，克服不良社会长期加于妇女身上的各种不良习性，"争取妇女在社会上应享的权利"，以使妇女得到"彻底解放"。"特别在中国民族危机四伏的时代……更应当坚决的起来负荷争取国家民族独立的责任"。文章悲壮地呼吁："现在中国人民最感痛苦的"，是异族的侵略与封建残余的存在，"妇女们的生活也是脱离不了这个根本环境的……所以一切先进的女性，一定会走到社会上，和男子们站在一起，去为民族独立而奋斗，去为她们本身的彻底解放而牺牲"。全文短小精悍，却高屋建瓴，有的放矢，说理充分，具有很强的说服力。类似这样内容，但更加具体、深入探讨分析的文章还有《青年妇女的修养问题》①等。

沙文汉喜好读书，擅长研究问题，凭借着在日本两年的资料收集与对《资本论》的学习，他经常发表分析中国、日本及世界的政治经济局势的时政论文。从1936年2月开始，一年内在《世界知识》、《东方杂志》、《中国农村》等刊物上以"陈叔温"为名发表了八篇重要的国际时事评论，揭露日本的侵略野心，

———————————

① 上海《妇女生活》第4卷第5期，1937年3月16日。

提醒人们提防日寇以各种借口作掩护来攫取我国的领土和各种权利；同时他用充分的论据和详细的数字论证，揭示出："日本的军备虽然非常强大，但因为经济上财政上的贫弱与社会的不安定，毫无疑义的，在侵略战争时它的兵力，不论在数量上与质量上，必须打个极大的折扣"，以此消除人们心中的"恐日病"。①

12月西安事变发生后，全国抗日救亡情绪日益高涨，上海党组织的恢复工作更是刻不容缓，加速进行着。这年底，中央批准在冯雪峰主持下，成立上海临时工作委员会（简称"临委"），书记王尧山，委员沙文汉与林枫。沙文汉负责救国会方面的领导工作，林枫负责工人方面工作，临委由冯雪峰领导。此后沙文汉在党内改名"张登"。临委的任务是领导群众抗日工作和积极为上海党组织的重新恢复做调查和准备。

陈修良除继续写文章，宣传抗日以外，还根据临委的要求到妇女界救国会上层进行工作，常与罗叔章、方采秀（后改名汪璧，顾准的夫人）、李淑英、蒋瑛等联系。这些同志多于抗战前夕在妇女补习学校任职或同上海妇女界救国会的妇女领袖有密切关系。方采

---

① 《日本战斗力的估计》，《世界知识》第4卷第11号，1936年8月16日。

秀是职业妇女救国会的组织者之一。除了联系这些党员开展工作以外，陈修良也同妇女群众直接联系。例如茅丽英，当时在海关任职，尚未入党。茅丽英等通过职业妇女中的干部推动海关女职员参加抗日运动，组织了一个读书会。陈修良以文化人"莫湮"的名义参加读书会，学艾思奇的《大众哲学》，讨论时局问题、妇女问题等，在职业妇女中颇有作用，后来范围日益扩大。

陈修良对新的工作满怀激情。沙文汉很机警，他提醒陈修良："我们将来一定还要做秘密工作的，不能暴露身份，这类群众团体不能经常参加，要幕后去策动。"

"啊，对！对！"陈修良猛然醒悟。他们回忆起王明路线时代的"左"倾路线情景，那时，每个领导人都要亲临前线，甚至上街参加游行，由于公开与秘密不分，组织遭到严重破坏，无数优秀党员上了雨花台，这是实践中得来的惨痛教训。以后当他们看到上级关于白区工作的文章，明确了公开工作与秘密工作必须分开的原则，感到更加亲切，更加坚定了自己的信念。他们深深懂得：公开工作与秘密工作在组织结构和人员上应严格分开，只能通过一定的领导关系才能互通信息。这一条血的教训是用多少同志的鲜血换来的啊！随着对斗争复杂性认识的深入，他们在政治上也不断地成熟起来。

用公开、合法的职业掩护自己的身份，利用公开合法的群众团体进行秘密的革命工作，就这样，他们开始了不同于过去"左"倾路线的新的工作方针的探索。而且他们以长期坚持的亲身的实践，走在了党内广大秘密工作者的前面。与此同时，党中央在总结过去"左"倾错误的基础上，逐步形成新的白区工作的总方针："隐蔽精干、长期埋伏、积蓄力量、以待时机"（即十六字方针）。

1937年春，在上海的日本侵略军气焰十分嚣张，战争一触即发。尽早恢复几乎全被破坏的上海党组织，开展城市的斗争就成为一项迫切任务。

5月，党中央从延安派刘晓到上海领导建党工作，陈修良和她的战友们正如大旱望云霓。王尧山陪同刘晓到了陈修良与沙文汉当时住的地方——白尔部路（现在的重庆路）渔阳里31号的三楼。初次见面刘晓就给陈修良留下极为深刻的印象，晚年她深情地回忆："当时他（刘晓）还只有二十九岁，脸色又红又黑，戴着一副眼镜，有些腼腆和拘谨，不知道如何称呼我们，只是坐在一张藤椅上，面带笑容，自我介绍起来。他一开口就如旧友重逢，一见如故，滔滔不绝地说了他的身世和他不寻常的稀世少见的珍闻。"

刘晓与沙文汉同年，1908年生于湖南辰溪县，原名刘运权，父亲在故乡办了一个煤矿，略有资产，但继母不爱他，因此没有一个温暖的家庭。五四运动时，他决心离家远走，十余岁就独自到湖南沅陵县朝阳中学求学。1925年积极参加五卅运动，思想发生巨变，懂得了只有参加共产党领导的政治革命，才能救中国。入党后的他来到上海考上国立政治大学，并参加过上海工人的三次武装暴动。在蒋介石发动四一二政变后，不得不转入地下斗争。但是，在"左"倾路线时期，他发动过农民暴动、飞行集会，从而被捕入狱，达一年之久，后被组织营救出狱。残酷的现实，使刘晓懂得举行公开的游行示威是自投罗网，对组织的破坏极大，而对革命没有意义。他与党内很多同志开始反对"左"倾盲动路线。一年刑满后，刘晓带病出狱，被"驱逐出境"到英租界。之后，化名"小刘"奉派到江苏省委外县委员会工作，继又到福建苏区任省委组织部长，书记任弼时让他改名为"刘晓"。1934年他参加长征，任第一军团政治部地方工作部部长，历尽艰难困苦。这次受命到上海重组被"左"倾路线严重破坏的党组织，并领导京沪地区的抗日斗争。离开延安时，毛泽东（中共中央三人军事小组成员）、周恩来（红军总政委）、张闻天（总书记）、彭真（中共北方局代表、组织部部长）、邓发（政治保卫局局长）都与刘晓谈了话。刘晓说毛泽东还请他吃了饭，嘱咐他："要接受王明路线破坏党的经验教训，要注意组织的隐蔽，不要轻易举行游行示威。"周恩来对他说：要恢复党的组织，党员要严格审查，要少而精，将来会起重要作用的。

陈修良与沙文汉热诚地为刘晓这位新来的领导人介绍情况，提出建议。经过一段时期的工作，他们考核并恢复了二百来个上海党员。根据刘晓后来的回忆，经中央查明承认的骨干只有几十人。他能记得的名字有："刘晓、刘长胜、王尧山、沙文汉（张登）、陈修良、孙冶方、冯定、马纯古、顾准、刘少文、夏衍、周扬、于伶、扬帆（殷杨）、彭柏山、王洞若、王翰、罗叔章、赵先、罗小红、李淑英、赵伯华、曹荻秋、方采秀（汪璧）、黄浩、张毅、潘汉年、周绮林、林乃夫、汉年龙、张英、唐守愚、梅益、张祺、冯雪峰、周支荫、饶友湖、柳乃夫、戴平万、王济华、陈敏之、高原、何克希、季明、朱启銮、周克、丁瑜、马文林等"。[①]

上海是中共建党的地方，经历大革命失败、极左路线破坏和叛徒出卖，在 1930 年代中期，上海的党组织几乎全被破坏，中央迁到江西。许多同志牺牲了，还有许多党员脱党，残存下来的如沙文汉夫妇、孙冶方等也都是到处流亡，或逃避追捕，一面坚持斗争，一面寻找组织关系。留下来的这些少量骨干是最坚定的分子，也是党的宝贵财产。从上面名单中不难看到，上海这些骨干基本上是由文化人、知识分子党员组成。正是他们，后来对中共在白区城市的文化运动、学生运动、反独裁争取民主、建立广泛统一战线以及情报、策反等工作的胜利起了极重要的作用。

1937 年 11 月 12 日上海沦陷。经中央指示和批准，同月在上海正式成立中共江苏省委，刘晓为书记，刘长胜为副书记，王尧山为组织部长，沙文汉为宣传部长，张爱萍负责军事。

日军进入上海后，因城市中心为公共租界中区、

---

① 刘晓同志谈 1937 年上海地下党组织情况，1979 年 7 月 28 日录音，陈修良整理，《沙、陈自存文档》，4-0335。

西区（时因公共租界北区、东区工部局已无力管辖，但不算作沦陷区）和法租界，日军尚未能进入，四周都为沦陷区所包围，形似"孤岛"。中共江苏省委成立时正面临着这种斗争环境。为了避开日本打击的锋芒，中共江苏省委在"孤岛"的租界，继续开展了有声有色的斗争。一直到1941年12月8日珍珠港事件后，日本向英、美正式宣战，太平洋战争爆发。次日，日军在上海入侵租界，"孤岛"时期宣告结束。

在党和各界爱国人士的努力下，这一时期上海文化事业呈现过畸形的繁荣，即日后誉为"抗战时期的文化堡垒"的"孤岛文化"现象。中国共产党领导下的爱国报人先后创办了一批抗日进步报刊，如《每日译报》和《译报周刊》、《导报》和《导报增刊》、《职业生活》、《联声月刊》、《上海妇女》、《公论丛书》、《文献丛刊》以及《文汇报》等，其中《导报》、《每日译报》、《华美商报》是巧妙利用英美洋商出面办的。

沙文汉还主持出版党的秘密机关刊物《真理》、《党的生活》。他和陈修良分别用笔名"汉"和"葛覃"发表过重要的文章，例如：沙文汉《目前政治上几个重要问题的说明》、《克服工作上脱离群众斗争的现象》，① 澄清党内对抗日前途的认识，分析当时党内有人认为中国也会出现"西班牙法朗哥"式汉奸政权前途的错误；讨论上海沦陷后党如何在新的不利形势下开展群众工作问题。1939 年 7 月在《党的生活》发表了《关于今后上海宣传工作》，代表省委阐明在险恶环境下，党的宣传工作方针。②

陈修良于 1938 年在《真理》第 11 期发表了《论两种工作方式》，比较了两种运动中学到的教训，总结不同工作方式的优劣，指出必须克服"左"的那套为纪念而纪念的形式主义，它是危害革命、完全脱离群众的，提出要关切群众的思想要求，向党外积极分子学习新的工作方法，团结更多干部，组织千百万群众到抗日救亡斗争中来。③

沙文汉和陈修良以上文章表明，他们对城市斗争的认识和执行实际工作的领导策略，已有了很大的提高。

---

① 《真理》，1937 年 12 月 7 日、9 日。
② 参见《沙文汉诗文选集》，上海社会科学院出版社，1998，第 147—151 页。
③ 《陈修良文集》，第 59 页。

图 1-3
1937 年沙文汉、
陈修良在上海

在"孤岛"时期，上海先后出版的各种文艺刊物有 150 多种。江苏省委有沙文汉领导的文化工作委员会，第一任书记孙冶方，成员有王任叔（巴人）、梅益、于伶。他们组织举办社会科学讲习所，请胡愈之、王任叔、郑振铎、周予同、陈望道、林淡秋等人讲哲学、历史、文学、社会运动历史。组织翻译大量马克思主义著作，出版《鲁迅全集》、《西行漫记》和巴金的《家》、《春》、《秋》等重要书籍。戏剧界由扬帆、于伶等领导，组织了上海剧艺社、群众业余剧社等。"孤岛"文化中戏剧运动十分活跃，出现了一批优秀的剧作，在教育"孤岛"上海和沦陷区人民群众开展抗日救亡斗争中，发挥了重要作用。

陈修良在江苏省委妇女工作委员会担任书记。"孤岛"时期，妇委利用一切合法机会进行抗日救亡工作。例如为前线募捐，运送伤员，发动妇女做棉衣，慰劳伤兵，救济大量难民，在各难民收容所中进行教育工作，发动难民到内地去抗战，利用救亡协会以及各种救亡的组织进行宣传工作。上海妇女团体有22个，职业妇女最活跃。

（六）新方针施展才华　秘密工作显神功

1938年春，陈修良被调到江苏省委，领导省委下属的"教育界运动委员会"工作，陈修良主要负责学生工作领导。

刘晓找她谈话说："上海的政治环境日趋恶化，许多群众团体活动受限制，将来可能被取缔，要做最坏打算，只有基督教方面的组织，可能还能长时期地存在下来，我们必须在那个空白点去开辟群众工作。"省委书记希望她去打开基督教青年会方面的工作。

"我对基督教学校一点也不熟悉。"陈修良虽然对学生运动有一点经验，但对于教会学校却有些疑虑。

刘晓以前在教会学校学习过，也做过工作，所以他对此颇有经验。他说："基督教青年会目前是最合法的群众团体，而且有国际背景，日本人也不敢对它轻易动手；另一个有利条件是它的领导者思想比较开明，对共产党没有仇恨情绪，他们也要求抗日爱国，我们可以在那里建立抗日统一战线，在最困难的时期，也许这是一个最安全的地带。"

这可是一片中共学运历史上从未开辟过的处女地。陈修良的个性是工作有激情，敢说敢做，敢闯新领域。听了刘晓的说明，便不再有任何顾虑，对于党交给她的这一个新任务感到兴奋。

1938年末，省委还特别成立了"基督教学校学生运动委员会"（简称"教会学校学委"），由陈修良领导。教会学校的工作从基督教女青年会和上海基督教学生团体联合会开始。

刘晓交给陈修良两个燕京大学毕业的女党员，她们分别是张淑仪与龚普生。张在上海基督教女青年会任劳动部干事，龚任女青年会的学生部干事。劳动部下面有许多女工夜校，学生部下面有各基督教大中学校，集中了许多学生。因为战争关系，沪江、之江、东吴等大学和华东许多基督教办的中学纷纷迁入租界办学。教会学校的学生人数激增，他们都有一颗爱国的心，要求参加抗日活动，如慰问伤病员和难民，义卖、募捐接济前线。

基督教青年会组织的"上海基督教学生团体联合会"，简称"上海联"，各校都有青年会的组织或各种各样的团契，活动方式也各不相同，目的是使青年通过团契，互相交往，满足青年们的课余活动需要，如唱歌、体育、写作、读书、旅游、举办夏令营等。当然他们也进行宗教活动，提倡互爱互助。陈修良在"上海联"中建立党团进行活动，主席是党员陈一鸣。他参加青年会的党团，陈修良通过党团经常去布置工作，进行一些带有政治性的活动，如参观工厂、卖小国旗、宣传抗日到底、反对伪化教育等。

当租界上各种刊物多被查封或取缔之时，唯有"上海联"的机关刊物《联声》销路大好。这个刊物不过分宣传抗日，只谈青年的爱国思想，提倡新风尚，提倡多读书，举办各种演讲会，听取各界名人的演讲，其中有一些是共产党员和上层统一战线的人士。

同时，陈修良为指导各个学校党支部的活动，又设立"基督教学校学生工作委员会"，具体领导各校工作，在"孤岛"时期发展了大量的党员，几乎每个大中学校都成立了党的组织。

1938年春，教会学校党员极少，最早要算沪江大学，有俞沛文、童申两个党员，许多学校尚是空白。省委做出大量发展党员的决议后，陈修良迅速建立了党的组织。他们真正同群众打成一片，丢掉了关门主义、教条主义的作风。这些新干部多是入党不久的同志，领会党的政策能力强，而且还能自主地创造性工作。陈修良主要在政策上多加指导，解释上级的决定，之后可以由他们自己设法去解决困难。这种工作方式之可行是由这些学生的知识水平和民主理念决定的，它与在工农兵中的命令、服从方式很不同，充分考虑和鼓励下级党组织根据实际情况执行的主动性和创造性。

陈修良以后在南京领导秘密斗争也是基本采取了这种方式，重在发挥被领导者的主动性和创造性，根据形势灵活应对，而不是发号施令，家长式领导，如此才能在艰难的复杂环境中取得成功。她的这一领导风格在"孤岛"时期已经形成。

基督教青年会是国际性组织，党在男青年会方面发展了一些党员，在全国青年会中也有一些关系，努力通过这些组织，开展国际活动，把中国的抗日救亡运动真相传播到世界各地去。

1938年"上海联"成立了国际友谊运动委员会，展开了国际的通信运动。各校学生都用英文写信到各国的学校去，呼吁他们的政府反对日本帝国主义侵略中国，收到一定的效果。

1939年在荷兰召开世界基督教青年大会，龚普生参加了代表团，把抗日的呼声带到国外。1940年世界学生联合会的负责人到上海来慰问。这样，中国的抗日就不是孤立的，同世界的反法西斯运动联结在一起了。

当时，江苏省委领导的基督教学校学生的上下层组织同非基督教学校的党组织是并行的，这是准备万一在敌人大举破坏群众组织时，共产党还能保持大量的组织，坚持在上海斗争。这些工作表明，共产党的城市斗争策略的确有了很大的变化。陈修良后来说："我们能够在这样艰难的处境中，把沉闷的'孤岛'的学生活跃起来，共同参加抗日运动，这同党的方针政策的正确有关系。我深深地体会到了我所梦寐以求的广泛的、活跃的群众运动是真正开展起来了，这是我们党纠正了过去反宗教信仰自由的错误政策的结果。"

1938年底，非基督教学校方面的学生工作委员会归入已由陈修良领导的学委，这使得全市的学生运动统一起来。为避免破坏，上面统一，下面不统一，最高层汇总到陈修良，由她向省委报告。这样的组织方法一直保持到"孤岛"时期结束。

1938年10月下旬，武汉沦陷。汪精卫从重庆逃出，公开宣布投降。中共中央为此发表了汪精卫出走后的时局指示，号召全国人民坚决反对汪精卫反共卖国，投降日本，为虎作伥的叛逆罪行。

这时，"孤岛"的情况进一步恶化，英法租界当局为了自身的安全，对中国人的抗日活动加强了限制，致使日本侵略者对租界的各种社会活动横加干涉，甚至暗杀成风。

国民党上层发生了重大分裂，副总裁汪精卫公开拥护"大东亚共荣圈"，主张"和平、反共、建国"。日本侵略者要求租界中各中国政府和私人办的学校一律向"大道市政府"（即汉奸政府）登记。

对此，共产党提出"反对伪化教育"的斗争目标，开展了"反对投降，坚持抗战到底"的政治宣传运动，团结了许多群众。

1939年8月，汪精卫到上海召开伪国民党第六次全国代表大会，通过所谓"和平、反共、建国"反动政纲，积极准备袍笏登场，并计划向抗日分子开刀。9月中旬江苏省委发出《关于深入普遍开展反汪运动的指示》。陈修良领导学生委员会按各个系统全体动员，掀起了声势浩大的反汪运动，主要先锋队伍是上海的学生。这一运动号召力很大，各校的教师多数同情或者配合学生一致行动，拒绝向敌伪机关登记，不讲和平、共存共荣等汉奸理论。个别学校反汪运动特别热烈，如私立上海中学因为反对校长陈济成接受汪伪的委任，全校学生罢课抗议，并宣告退学。一些共产党力量较强的学校，反汪斗争更为出色。

1940年3月，汪精卫在南京举行"还都"仪式，当上伪国民政府的"主席"。陈修良领导学委在上海各重点学校掀起规模更大的"反汪、护校"运动，主要政策是争取公开与合法宣传，组织群众活动。提出"宁可牺牲，不受奴化教育"的口号，深得人心。许多学校举行了反汪护校的集体宣誓或签名运动。省立上海中学还举行反汪罢课，召开声讨汪伪的大会，迫使法租界巡捕房释放被捕学生。之江大学在党员带领下公开组织了对汪逆的模拟审判大会。这场斗争扩大了爱国师生和社会的抗日统一战线，沉重打击了日伪的嚣张气焰，锻炼和培养了一批积极分子，壮大了学界党的队伍。

在这次斗争中，陈修良有两点很深的体会，她说："开展抗日统一战线。争取友党一致行动，重庆国民党当时也表示反对投降，反对伪化。我们同他们有了共同的语言。深入群众，不搞'登高一呼'，少数人搞运动，而是用群众组织，公开号召，民主讨论"；"把反汪斗争与群众生活问题结合起来。所谓生活问题，不限于衣食住行，还提出了要求言论自由、结社自由，这样，富有子弟也广泛地参加了反汪运动，这一问题对于教会学校、富家子弟，特别有效。"

（七）及时防守保成果 斗争艺术酵母化

"反汪"运动的政治收获虽然空前巨大，但共产党也付出了一定的代价。陈修良说："这次运动因为完全由我们领导的，我们埋伏在各校的党员，不能不暴露一部分，特别是上海学生抗日救亡协会（简称'上海学协'）中的积极分子暴露的特别多。我估计这个组织如果照常存在下去，势必要遭到严重的打击，会有许多人要被捕、被杀。因此我们请示省委，决定解散'学协'的组织，省委同意这个建议。传达下去后，部分群众表示反对，结果决定先让执委与各区停止工作，只保存各校的支部继续行动。但到了1940年春，'孤岛'形势更加险恶，日伪武装人员随时随地可以捕人，因此我们只好忍痛牺牲，以'壮士断臂'的精神，把所有已经暴露的党员和'学协'的积极分子，全部撤退到江北的抗日根据地去。还有许多'学协'的干部具备党员条件者，吸收入党，因此在反汪运动以后我们党组织在各大中学校中的数量大有增加，达到了全面发展的目的，同时也巩固了中心学校的堡垒作用。"陈修良还说："我们从沦陷以后的四年'孤岛'时期中，没有遭到重大的破坏，也没有人去自首投敌，我们始终执行中央关于秘密工作的十六字方针，在反复斗争中不忘记有利、有理、有节的策略，反汪斗争取得了一定结果后，我们很快就收兵了。"

"孤岛"斗争四年对陈修良领导斗争水平的提高和成熟，具有重要意义。她在当时上海党内刊物上发表了一篇总结性的文章《目前上海学生反汪运动的检讨》①，在分析了反汪斗争的四大新特点和有些学校与同志工作上的失误后，总结了在当时非常艰苦复杂的环境下秘密工作的经验，主要是：

"争取反汪运动在群众中公开合法化。动员最广大的群众一起参加，团结最大多数群众干部作斗争的真正领导集团，使得敌人不能打击少数先进分子……这是非常重要的原则"，反对"登高一呼，立即行动"，把"领袖"分子暴露在敌人面前的危险办法。这个原则后来被沙文汉比作"酵母菌"作用，成为新中国成立前秘密斗争最基本的原则。就是党员和先进分子应该像"酵母菌"一样在群众中起作用，让敌人只看见"面团"（即群众）在不断地膨胀扩大起来，但看不到"酵母菌"在哪里。这是一种多么高妙的斗争艺术！

"普遍开展反汪的宣传工作……尽量利用现成的材料和各种可能的办法去进行"，例如当时教育部发表的《附逆学校员生处置办法》遍传各校，使同学知道我们的斗争是有政府作后盾的，则合法性就可大

① 《党的生活》第7期，1939年10月1日。署名：莫湮。《陈修良文集》，第64页。

大提高。

"积极开展群众的组织工作。在斗争的过程中加强优秀分子的工作热情和团结，利用一切高级和低级的组织，尽量争取学校同学及干部组织起来。"

广泛开展统一战线，包括争取"迫于生活，迫于淫威，敢怒不敢言，内心苦闷"的老师；"争取友党共同行动"；"争取学生家长，说服家庭要求一致援助"；等等。

注意对"学生生活斗争的领导"。不仅吃饭与房子是生活问题，"凡是言论集会自由、游玩、休息、研究学业等都是学生的主要生活内容"，这些问题在汪派把持和影响下的学校，更显得严重，"所以在反汪斗争中，我们应当提出学生群众的许多切身问题来，那么这就可能更大的团结落后群众"。

"发展党的组织……千万不要疏忽了如何去发现新的群众先进分子，在斗争中教育他们，培养他们的斗争能力，吸收大批新的有才干的群众领袖到党内来。"

"把'反汪斗争'与目前巩固党的中心任务"结合起来。"我们今天不是决斗的时候，一切反汪和别的斗争，都要为了巩固、扩大我们的基础而进行。"

从以上总结的经验来看，陈修良已经完全掌握了秘密斗争路线的精神，也就是"十六字方针"。正如她进一步论述的那样：在"十六字方针"中，关键是"隐蔽"得好，过去"左"倾路线主要的错误也在这两个字上。革命力量保护得好，才谈得上斗争和发展。所谓隐蔽，就是党组织和革命力量应该隐蔽在广大的中间群众当中。所谓中间群众，在任何时候、任何运动当中，都是大多数。先进分子总是少数，落后分子也总是少数。所谓群众路线也是如此。群众路线就是要发动广大群众起来，是广大群众能接受的，这就叫群众路线。隐蔽，不是消极的，还要"依靠群众，争取中间，利用上层"。而且，要隐蔽就必须要"精干"，单线联系，会议一定要少开，到最后最严重的时候，领导层中也是个别碰头，不再开会。无论组织与活动都要精干。有一个时期，大概有两年时间停止发展党员。等待机会出现时，就采取打进去、拉出来的办法，选择了一些特别可靠的党员，打入敌人内部，长期埋伏，关键时刻给敌人以沉重打击。

同时，利用矛盾的策略，也特别重要。正如沙文汉在一次讲话中所总结的那样："在城市工作当中除了依靠群众以外，还要非常注意斗争策略……利用矛盾，争取更多的中间人物、中心人物这些斗争策略。……要分化敌人，分清今天主要的敌人和次要的敌人，今天的敌人和明天的敌人也要分开。最大的敌人、最主要的敌人和次要的敌人，都要分开。今天和明天不一样，今天还不是我们的敌人，那我们就麻痹他，甚至还要争取他，分化他、分化他们。因为我们不可能一下子打倒所有的敌人。"①

为了使这些在艰苦斗争中获得的宝贵经验及时地为广大干部所掌握，省委很重视干部的教育和训练工作。

（八）熬过艰难岁月　准备新的征程

斗争复杂激烈，江苏省委需要一个秘密联络点。陈修良和沙文汉在巨赖达路找到上海著名大地产商周湘云在周家花园新建的景华新村（今静安区巨鹿路820弄），经过仔细的环境考察，选择了最后一排22号，这是一幢三层楼的新式里弄房子，它后面紧挨周家花园，只以篱笆相隔；晒台在楼顶与两边相邻的人家相通；西面离隔壁另一家里弄的私家花园不远。选

---

① 转自周克口述，顾训中整理《风雨七十年：时代大潮中的我和我的一家》，文汇出版社，2006，第135页。

择这里，是为了在紧急情况下可以从花园或邻居晒台逃脱。这里居住的是富裕人家，门口有印度巡捕看门。入住前需要先付1500银元订金，每月还要付140法币租费。当时党没有经费，生活和活动经费靠自己解决，陈修良夫妇并无职业收入，全由陈的母亲支付。景华新村就由陈母化名陈炜（后改名陈馥）出面租赁，沙文汉化名陈元阳，女婿变侄子，陈修良化名陈素梅，女儿变成侄媳妇。此后十年（1939—1949），这里成为上海中共江苏省委和后来中共中央上海局的秘密机关。

图1-4　上海景华新村22号江苏省委和上海局联络点

1941 年 1 月，发生了震惊中外的"皖南事变"。新四军政治部主任袁国平牺牲后，夫人邱一涵被安排到上海，江苏省委通知沙文汉、陈修良夫妇前往探望、照料。陈修良和邱一涵从此建立了很好的战友情谊。中共中央东南局副书记、新四军副政委饶漱石脱险后，绕道撤到上海。中共中央华中局指示江苏省委为饶找一安全隐蔽所。省委书记刘晓陪同他到沙文汉、陈修良家中，与陈母商议后，陈母毅然接受重任，让饶漱石住在景华新村并愿以生命担保他的安全。饶在此住了四个多月后才返苏中根据地江北盐城新四军军部。

　　在此期间，饶漱石逐步了解到上海的险恶环境，曾多次对刘晓和沙、陈说："你们省委领导机关设在上海很危险，上海环境很恶劣，应当撤到根据地去。领导机关不能破坏，上面被破坏了，下面也完了。这个内战时期的经验，不能重复！"陈修良认为饶的这个看法是对的，与后来江苏省委整体撤退到江北根据地不无关系。

　　1939 年 9 月，第二次世界大战爆发，希特勒发动了欧洲战争并蓄意东进苏联，使得世界反苏反共气焰更为嚣张。国民党内部的投降派也更加兴高采烈，一面抗战，一面又不忘反共，在全国各地屠杀中共武装和工作人员。在上海，共产党被两面夹攻，处境更艰难，"孤岛"中短暂的平静生活终于被打破。

1939年1月16日，以周恩来为书记，周恩来、博古、凯丰、吴克坚、叶剑英、董必武6人为常委的南方局在重庆成立。由于国共合作期间国民党不允许中共在其统治区内建立和发展组织，因此，南方局的成立和存在都是秘密的，对外并不公开。这段时间由于中央的变动多，在"孤岛"斗争的江苏省委有较大的自主管理余地，陈修良对工作也感到得心应手。

但是江苏省委的情况很快也有了变化：1940年春省委书记刘晓和副书记刘长胜被召到重庆汇报上海的工作并接受长江局转南方局后的工作指示。当时的南方局，周恩来为书记，负责实际组织工作的是博古（王明集团的另一名骨干）。刘晓汇报中共江苏省委打算建立上海市委，根据陈修良的表现，推荐她担任书记，委员有刘峰、张承忠、张本（女）等。当博古知道这个陈修良就是莫斯科中山大学时期反王明集团和后来反对四中全会决议的"右派分子"陈逸时，表示很大的异议，提出陈修良需要到延安进行政治、历史审查。

当陈修良听到刘晓传达要她去延安审查历史的通

知后，深感委屈和遗憾，她知道王明宗派主义阴魂不散，在党内继续为非作歹。但她并不害怕，马上要求前去江北，因为她对自己的革命忠诚和历史的清白是充满自信的，天真地期望着早日到延安，就可以让组织弄清问题，还她清白。于是她决定先去江北新四军根据地，经华中局再去延安。

二三十年代中共党内持续的"左"倾路线，造成了极不正常的气氛，有许多人在对敌斗争中是英勇无畏的，但在对于自己的冤假错案问题上，连提出申诉、要求平反都会坐牢，甚至被错杀。陈修良回忆那时的心情："对于个人的前程与得失，早已置之度外，所以'碰硬'的勇气还是充足的，抱着决死的精神，力求弄清大是大非，虽死又何足惜?! 我的心情沙文汉是理解的，他鼓励我去接受党的审查，家中老少的担子由他来承担，我们在黄浦江边忍住热泪匆匆告别了。" 1941年底，恰逢华中局组织部长曾山派了一条帆船到上海采购药品，1942年1月陈修良便随同这条船去华中局。同行的有汪璧（方采秀，顾准的妻子）。陈修良独自离别幼女、老母亲和丈夫，心中充满各种愁情别绪、委屈与不解，但她是勇敢无畏的，并不泄气和悲观，因为内心有坚定理想和信念支持着，激励着她去迎接一个又一个的严峻考验，她的人生又翻开了新的一页。

1942年初陈修良从上海到了中共中央华中局（新四军军部）所在地盐（城）阜（宁）区。她感觉这段路程比到莫斯科去还要艰难。这里是真正的敌后农村抗日根据地，盐城、阜宁两个城市由日本侵略者占据着，广大的农村有新四军部队，也有国民党韩德勤的部队，又有汪伪组织起来的所谓"和平军"，所以这个地区是三角斗争的地区，从上海到新四军的军部，势必要通过许多关卡，遇到各种不同的部队，如果被发现是去新四军管辖地区的话，就会被捕或被杀，要做好各种准备。所以，一路上历经各种艰险。所幸江苏省委和华中局在大江南北各口岸设有交通站，而且还有熟悉路途的可靠的交通员陪同。

这时，由于日本侵略军进攻美国珍珠港海军基地，向美国宣战，同时进攻上海租界，上海的"孤岛"时期就此结束。为保存好不容易恢复起来的上海党的力量，1942年秋江苏省委奉命从上海北撤到淮南根据地。省委领导和骨干二百多人分批转移到安徽天长县顾家圩子。

省委书记刘晓等撤离上海的情形就非常戏剧化了。1942 年 11 月，中央社会部副部长潘汉年与刘晓、组织部长王尧山、赵先（王尧山的夫人）、张本（江苏省学委书记）一行带着省委一些文件和行李出发，一路上将很危险。为此，潘汉年决定动用情报系统的交通线过江。他们西装革履，打扮成洋商经理模样，先从上海乘火车到镇江，到站后有穿西装的人来接，住进金山大饭店，第二天接待者邀请他们吃饭。原来这是潘汉年通过汪伪特务机关负责人李士群（原中共党员，后被捕叛变），指派了胡均鹤和镇江特工站站长刘毅负责此事，亲自到车站迎接。胡、刘在大革命时期也曾加入过共产党，胡在 1929 年担任共青团中央书记，1932 年被捕叛变，投靠了中统。抗战初期，他们二人被汪伪逮捕后在李士群的手下工作，1941 年，经中共中央批准，潘汉年同他们建立了情报工作关系。

王尧山认出了胡和刘，悄悄告诉刘晓："他们都是中央通报过的叛徒！"刘晓感到很担心，但是潘汉年有把握地说："这些叛徒明知汪伪没有前途，想为共产党效力，取得党的宽大。在南京、瓜州渡、江阴都有'检问所'，特务多如牛毛，没有他们的帮助，我们别想走出镇江一步。况且，他们并不认识你们，只知道我是共产党员，你们尽管去赴宴，自称上海商人，是跟我到新四军地区做生意的。"次日饭后，还由刘毅陪着游了金山、北固山、竹林寺，第三日乘帆船到仪征住了一夜客店。第四日，刘毅带来几个挑夫，陪同潘汉年、刘晓等一行到城门，并通知哨兵放行，一行人出城门而行。忽然城门上有不知情的伪军大吼"站住！"潘汉年从容地用手做喇叭，严厉斥责伪军："已经和你们上面讲过了，还不知道吗？混蛋！"经这一喊，伪军果然不响了，潘汉年、刘晓、王尧山等一行人得以继续前进，到达新四军罗炳辉师长的地区。[①]这段经历充分表现了潘汉年杰出的智慧与勇气。

陈修良到新四军根据地后，受到了华中局组织部长曾山的亲切接待，被安排住在一个农民家中，做中共中央华中局副书记兼新四军政治部主任饶漱石的秘书。饶就住在不远的一个小茅屋里。

饶漱石同陈修良在上海就是老相识了，他走过来看望她，要她留在新四军军部帮助他整理材料。他说："你得先看许多电报，了解根据地的情况，才好去工

---

① 《党人魂——记潘汉年》，《陈修良文集》，第411页。

作。"陈修良看了不计其数的电报，初步了解了根据地的一些情况。后来饶漱石又叫她整理白区工作的文件。刘少奇当时是华中局书记、新四军政委，也住在附近，正在重点研究白区秘密工作的经验教训，写了不少纠正白区工作"左"倾错误路线的重要文章。陈修良帮助整理的那些材料，对他帮助不小。这些文章成为党坚持"十六字方针"的重要依据，因此陈修良后来对这个方针的领会和执行也更加深刻。

不久，陈修良知道刘少奇要被调回延安，就要求与刘一起走。刘说："此去要经过许多敌占区，要打仗，通过封锁线，你是一个女同志，不太方便，华中局也是中央局，你还是留在华中局审查好了。"

于是，陈修良就留在了华中局党校参加整风运动。由于华中局组织部长曾山、二师师长罗炳辉、政治部主任肖望东，以及学校校长彭康、书记兼组织部长温仰春思想作风比较正派，能正确掌握政策，认真地执行了"弄清思想，团结同志"、"惩前毖后，治病救人"的方针，不搞"残酷斗争，无情打击"的那一套，也没有搞延安的"抢救运动"，陈修良的历史问题终于获得正确的结论。陈修良很兴奋。她说：这个结论把我多年的包袱解除了，我感激党，好像是一次重生。

整风结束后，大家都到各条战线上继续工作和战斗。陈修良参与了创办华中建设大学的工作，为党培养了一大批干部。

1945年8月15日，日本突然宣布无条件投降。大家都没有想到胜利会来得如此快，完全没有思想准备。当时胡乔木带着曾彦修等几位"秀才"还在根据中央原先的指示，编辑根据地再用十年八年的教科书。抗战终于以胜利告终，陈修良与建大师生一起，热泪盈眶，军民尽情欢呼，热烈庆祝。

其实在日本投降前，党中央根据各种情报和形势，已经看到夺取政权的大好机会终于到来，立即命令八路军、新四军就近接收东半边中国最繁华的沦陷区，迅速成立自己的政权。为此，对内做出过一系列决定和指示，夺取沿海大城市，并拟定一些地区的首长。例如1945年8月9日，根据中央指示，中共中央华中局召开会议，决定新四军准备进攻华中地区大中城市；命令城工部干部立即回上海，广泛发动群众，准备里应外合以配合新四军解放上海；宣布成立上海市委，由刘长胜任书记，张执一、张承宗、陈伟达、陈祥生任委员。

10日，中共中央发出指示："各中央局、中央分局及各区党委，应立即布置动员一切力量，向敌、伪进行广泛的进攻，迅速扩大解放区，壮大我军，并须准备于日本投降时，我们能迅速占领所有被我包围和力所能及的大小城市、交通要道，以正规部队占领大城市及要道，以游击民兵占领小城市。"

12日，根据中共中央指示，新四军军部任命黄克诚为江苏省政府主席；刘长胜为上海特别市市长，张执一为副市长；粟裕为南京特别市市长，方毅为副市长。

同日，张承宗自淮南华中局城工部回到上海，传达党中央指示和华中局决定，并布置各系统发动群众积极准备武装起义配合新四军进攻上海，还在工人、店员、学生、教师和各界爱国人士中成立庆祝抗战胜利筹备会，为迎接新四军进上海做宣传动员准备。

南京是首都，根据中央要求，华中局派出沙文汉任南下先遣支队政委，带领一批城市工作部的干部和支队冒雨急行军。在安徽六合县东沟南划子口连夜飞渡长江，抵达南京郊外栖霞山龙潭，准备配合新四军第二、六师大军从日本手中接管南京。在长江两岸与国民党大批到达的军队形成对峙。

但实际情况并不理想。中共的武装，还无力解决虽然投降但不向八路军、新四军交出武器的日伪部队，因此也占领不了被长期包围的大城市和交通线，眼睁睁看着国民党政府以机械化部队和先进的船运与空运，迅速从重庆还都，收复了南京。于是国共合作与日伪的战争，迅速转变为国共对立。

8月22日，中共中央不得不发出改变行动方针的指示，在大城市无法占领情况下把目标转向小城市和农村地区。指示："蒋介石利用其合法地位接受敌军受降，敌伪只能将大城市及交通要道交给蒋介石。在此形势下，我军应立即改变方针，除个别地点可占领外，一般应以相当兵力威胁大城市及交通要道，使敌伪向大城市和交通要道集中，而以必要兵力着重夺取小城市及广大乡村，扩大并巩固解放区，发动群众斗争并注意组训军队，准备应付新局面，作持久打算。"

在美国援助下，国民党军队迅速占领南京、徐州等大中城市和沪宁全线及津浦、陇海铁路的部分交通要道，并在江南向新四军、苏北解放区发动进攻，华中根据地的存在已受到极大威胁。

党中央根据大革命以来的国共斗争教训，对蒋介石也绝不信任，做好充分的两手准备。就在毛泽东赴重庆进行和平谈判的第二天，即 8 月 29 日中共中央发出《关于在国民党占领的大城市与交通要道进行合法斗争的指示》，指出：凡不能切实占领的大城市及交通要道中的工作，必须仍做长期打算，积蓄力量，以待将来。趁此敌伪投降、国民党统治尚未建立和稳定的混乱期间，我们在城市与交通要道，应尽可能不留下暴露的力量，并须派遣大批干部潜入国民党重要的军事、政治、经济、文化、党务机关和铁路、工厂、矿山、市政、银行、学校里边建立工作，利用合法方式，团结群众，以便将来更有力地进行民主运动。

这就是抗战胜利后中共在国民党统治区秘密工作的总方针。在这个方针下，将演绎出无数个中共秘密战线惊心动魄的故事。

9 月 19 日，中共中央发出《关于向北发展，向南防御的战略方针》，在军事上，部署新四军抽兵北上，苏南、皖南和浙江的新四军北撤；在组织上，成立中共中央华东局，原华中局改为分局，受华东局指挥。

华中分局为了接管城市，设立城市工作部，沙文汉担任部长。在淮阴一个天主堂里，陈修良与沙文汉再次重逢。这里就是城工部的机关。陈修良回忆当时的心情时说："淮阴是一个中等城市，有电灯、自来水，生活条件好多了，这是胜利给我们带来的幸福，我们在胜利中重逢，更加感到特别幸福。"

二　南京新时期秘密战线的开辟

（一）送难民入新四军　朱启銮智勇双全

南京是长江下游的中心城市之一，我国六大古都之一，以历史文化名城而著称。蒋介石自1927年4月政变后，即在南京建立首都长达22年。

南京同时是中国共产党较早建立党组织的地区，早在1922年就有了党员，后来又成立了组织。国民党政府为了保护首都的安全，对共产党进行了特别残酷的镇压，再加上党内极左路线的严重影响，从1927年4月至1934年8月间，中共南京党组织屡遭重大破坏，达八次之多，主要领导人几乎全部牺牲在雨花台。1934年遭受第八次大破坏后，组织中断。1940年后，中共江苏省委、苏皖区党委等系统陆续派同志来南京开辟工作，贯彻了党的抗日民族统一战线和白区工作方针，南京党组织得到了一定程度的恢复和发展。

这次南京党组织的恢复和新时期秘密战线的开辟，首先得力于另一位久经考验的杰出的秘密工作者朱启銮的努力。

朱启銮于1914年3月出生于南京，在这里成长到高中，因此对这个城市的风土人情十分熟悉。1930年转到天津南开中学。在1931年九一八事变后，他热血沸腾，参加抗日救国的学潮，并加入共青团，但因此被学校开除。接着转学至上海光华大学附

图2-1　朱启銮

中，结识了姚克广（即姚依林）、谢云晖等进步同学。他们参加了共产党领导的外围组织"社联"（中国左翼社会科学家联盟）。稍后，参加了中国共产党。1934年考入北平大学法商学院，在当时党中央"左"倾盲动主义路线下，他与胞弟周克等进行抗日反蒋拥护中共苏维埃的运动，在国民党的高压下，被捕、逃亡，经历了血与火的考验。然后在北平学联地下党的

领导下，参加了轰轰烈烈的"一二·九"抗日运动。

这时，党在白区的"左"倾路线开始得到纠正，朱启銮也进一步成长起来。1937年七七事变后，他奉组织调动，回到上海，考进《新闻夜报》，以一名战地记者的身份投入抗日战争。日军侵入上海后，大批郊区难民躲避炮火，逃进英、美、法上海租界和南市区。佛教、基督教、天主教等团体组织了难民所，收容了受难同胞达数十万人。大量难民的存在，形成严重的社会问题。衣、食、住、医及工作与出路的安排，在当时的战争条件下，件件艰难。国民党政府成立了非常时期难民救济委员会，专职办理难民收容、运输、给养、保卫、救护、管理及配置等应急事宜。但具体工作由社会救济的社团执行，包括慈善机构、宗教团体、同乡会组成的民间团体，或爱国人士成立的专门机构。于是在当时最大的收容地、有百年历史的仁济堂成立了"上海市慈善团体联合救灾会"（简称"慈联会"），作为官民合办的临时组织，实际进行为抗战而救济难民的工作。中国共产党一开始就对难民问题给予了高度重视，认为难民的主要成分是农民、失业工人等基本群众，必须加强在难民中的宣教和组织工作。中共江苏省委成立后，专门成立了难民工作委员会（简称"难委"）统一领导。朱启銮为党团书记。然后由赵朴初介绍，朱启銮和周克、吴宝龄、丁佩瑜等五人担任难民教育委员会干事。从此赵与朱合作，把上海难民工作做得有声有色。朱、周表面身份是难民所"教授"，编写教材组织难民学习救亡知识。难民所工作中最为精彩的一章，是秘密输送了成百上千的难民，去到敌后加入新四军抗日。当时新四军军部提出要上海输送一部分人员，经江苏省委及省军委领导研究后，决定从难民收容所中动员，然后设法送往皖南军部。

朱启銮回忆说："我们与赵朴初商量后，决定用动员难民去江西开荒生产自救的名义，争取合法形式，取得有关方面的支持，进行组织和输送工作。于是，我们给已到后方、并担任国民党的救济委员会领导工作的许世英写了报告，并得到了批准，同时我们还以同样的名义，做了上海'慈联会'上层黄涵之等人和租界工部局上层的工作，取得了他们的支持。因为这时上海租界当局已感到难民在上海已成了一大负担。"①

———————
①　王铭珍、宋祖彰：《访问朱启銮同志谈重返上海后的工作回忆片断》，《怀念朱启銮同志文集》，1992 年南京编印，第 170 页。

第一批六百多名难民就由朱启銮带领出发。由于有了以上多重合法性，一路上比较顺利。开始坐船从上海到温州，然后辗转步行到青田、丽水、缙云、金华、寿昌、歙县、岩寺、太平、泾县云岭（新四军军部所在地）。在步行过程中，他们对外说是到屯溪（国民党第三战区司令长官部所在地），实际上到了岩寺，就有新四军兵站来接待。这时，被驻在屯溪的国民党顾祝同司令部发现，忙来查看，但所有难民都已换上新四军服装，他们也无可奈何。新四军方面也做了不少工作，队伍到达温州，新四军军部专程派人来迎接。来接应的人是后来曾担任空军政委的余立金。还有一个是刘先胜，新中国成立后做过苏南军区司令员。

　　后来，上海"慈联会"又组织了多批难民加入新四军和其他根据地。

　　朱启銮经过这次难民工作的锻炼，秘密工作能力得到很大的提升。整个运送工作很复杂，但工作做得很细致、很圆满。朱启銮回到上海汇报后，各方面都说不错。首先是救济会的老先生们很满意，说是难民们送出去垦荒了。租界当局也满意，难民们没出什么事情。新四军方面更高兴，接受了一批新鲜血液，增强了战斗力。

1939 年，朱启銮被江苏省委调到上海西郊青浦工作，担任党的青浦工作委员会书记。曾领导过一支地下党组织的武装队伍，取得了国民革命军"第三战区淞沪抗日游击纵队第三支队"的番号（简称三支队），进行抗日游击战。在此期间，他认识了谭震林、叶飞、何克希、温玉成等领导同志。

（二）筚路蓝缕创业难　策反工作初尝试

当时的形势变化很快，1940 年秋，省委又决定调朱启銮去负责开辟南京工作。一是因为他家祖籍是南京。朱氏家族过去是一个地主家庭，在南京还有本家的一些关系。省委考虑能否通过家族的这些关系在南京立足，开辟工作。二是这时候的南京已经是汪伪的统治中心，急需开拓党的秘密工作。当时没有别的人选，所以，派他单枪匹马去南京开辟局面。这是对他秘密工作品质的特殊肯定，又是对他秘密工作能力的最大信任。但对于他来说，创业的艰难险恶是可以想象的。

这时的南京为汪伪政府的政治中心，工作环境比上海更为险恶。1938年，在日本帝国主义操纵下，梁鸿志在南京成立了汉奸维新政府。1940年，汪精卫成立伪国民政府，南京成了汪伪的首都。南京城里，日伪特务、宪兵、警察机关林立，经常出动警备车，搜查、戒严、抓人、打人、杀人，中国人进出自己的城门要向守城的日本兵脱帽敬礼，否则轻则打耳光，重则罚跪。在法西斯般的残暴统治下，南京街头行人稀少，只见到处是太阳旗和汪精卫的"和平、反共"的所谓"国旗"。

更困难的是，朱启銮此去完全没有任何生活基础。最初，只能和早一步来南京的马卓然凑一点钱，跑单帮，做贩卖牛肉的小生意，其狼狈、艰难可想而知！

马卓然原在上海做秘密工作，因身份暴露，上海党组织决定让他于1940年3月撤退回南京家中暂住隐蔽。朱启銮说进入南京的过程是："我是以参加侄女结婚典礼的名义，携带轻便行李，扮作衣冠楚楚的商人模样，持着上海日寇发的'良民证'进入南京的。到南京后，我初步了解了情况，熟悉了路径（幼年在南京生活过几年，风土人情还比较有些印象），应付了社会礼节，略事安顿以后，就径往洪武路中段马卓然同志家中，代表党组织，按照规定的暗号、暗语，接上了关系。于是，南京地下党组织在抗日战争时期恢复活动的最早的一个'细胞'诞生了。说起来这个细胞确实很微弱，只有我们两个人而已。然而，我们坚信，从无到有，从小到大，从弱到强，正是一切新生事物发生发展的规律。"[1]

熬过了最初一段无根无业的艰苦日子后，他通过公开关系，找到了一份中学教师的工作，去教英文和古文。这样，他才算有了一个立足点。接着，又以他"勤学勤业，广交朋友"，"从好邻居、好朋友、好老师做起"这样的秘密工作特殊魅力，与杨坤一家建立关系，与杨从朋友到结婚，组织了小家庭，有了稍稍稳定的生活环境和工作基础。杨坤一追忆朱启銮的文字中有一段感人的叙述：

你是 1940 年秋，由江苏省委从上海派来南京开辟地下工作的。经你堂姐介绍住进门西陈家牌坊 12 号我姨母家的房子，当时我家和你堂姐及你是邻居。你住进来后，我见你对我姨父母和我父母都很尊敬，很有礼貌，讲起话来总是那么谦逊

---

① 朱启銮：《南京地下斗争十年》，《怀念朱启銮同志文集》，第205页。

和蔼，为人又是那么忠厚、老实、诚恳。我的姨母对我说，这人真好，叫人喜爱。就这样，经你堂姐介绍我们认识，做了朋友。当时我还是一个幼稚的女学生，你利用闲暇时间经常对我讲国际形势和国内形势，还给我辅导英语，让我阅读进步书籍，还问我应该爱什么，恨什么？我说，我最恨日本人，毁坏了我的家，害得我们到处流浪。我听你讲后，也恨国民党不抵抗。

当我中学毕业时，我俩相处越来越好，我非常尊敬你，认你作我的老师，你对我帮助很大，在你的思想熏陶下，我逐渐懂得了许多革命道理，你看我进步快，也很高兴。以后，我们搬了家，你用板车把我父母的东西和你的东西拖到南台巷住下了。你是那样不怕苦，不怕累，路又那么远，你在前面拉，我在后面推，就这样，你和我们家住在一起，吃在一起。1942年，我们结了婚。[1]

在朱启銮的带领下，杨坤一也很快成为一名优秀

---

① 杨坤一：《相濡以沫忆启銮》，《怀念朱启銮同志文集》，第127—128页。

的秘密工作者。朱说："从 1941 年秋冬起，我与杨坤一常去上海，带回上海党委口头指示与各种学习材料。上海法租界阿尔培路小桃园弄 X 号我母亲家中，就是我们到上海后与上海党委联络的地点。杨坤一先后和刘晓、刘长胜、张登（沙文汉）等同志都见过面。"[①]

从此，两人相濡以沫，并肩战斗，患难与共。他们一起度过了敌伪统治和国民党统治的黑暗年月，迎来了新中国的朝阳。

就这样，1942 年春，在南京开始站稳脚跟后，朱启銮开始第九次在南京建党。他首先在丹凤街按照规定口号接上了吴良杰的

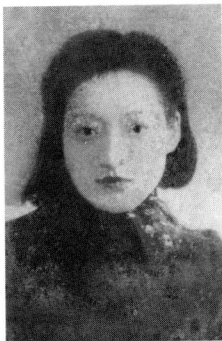

图 2-2　杨坤一

党的关系，又在白下路安徽中学与沈浩青接上了关系。然后他们三人成立一个党小组。吴分管工人工作，沈分管学生工作，朱负总责。朱还个别联系马卓然和镇江的汪孝善。

1942 年夏（约在 5 月），上海党委（即江苏省委）又派刘峰、欧阳仪两同志来南京。同时，他俩又

---

① 朱启銮：《南京地下斗争十年》，《怀念朱启銮同志文集》，第 207 页。

陆续带来一批党员，南京党的力量就渐渐壮大起来。到 1942 年秋，刘峰和朱启銮同去上海，上海党委的王尧山召集他们在刘峰岳父家开会，研究南京党的工作。会上，王尧山宣布成立南京工作组，全面负责南京工作。确定刘峰任组长，朱启銮任副组长，这是南京地下党组织在日伪时期恢复工作后，最早的领导机构。

"此后一段时期，南京党的工作一直由上海党委领导。先后和我们见面研究工作的有刘晓、刘长胜、刘宁一、王尧山、沙文汉等同志。我们不定期地去上海。当时我的掩护职业仍是教员，刘峰同志则与亲戚合伙经商。我们经常见面研究工作的地点一是我家（南台巷），一是刘峰同志的家（汉西门堂子街）。党员人数已有几十人。由于党的基础还比较薄弱，当时的方针是：继续布点、稳扎稳打、扩大基础。"[1]

由于南京地位的特殊重要性，在上海党委陆续派遣干部来南京开辟工作期间，苏南区党委也在 1941 年先后派了舒诚与鲁平（原名张杰）等同志来南京工作。新四军的第一、二、六、七师也通过各种渠道，

---

[1]　朱启銮：《南京地下斗争十年》，《怀念朱启銮同志文集》，第 208 页。

用各种方式分别在南京建立关系。但由于工作初期和历史教训，各方都采取极其谨慎的方针，各自发展力量，扩大基础，建立党的组织，彼此从不打通关系，党的组织不求迅速统一。

组织建立后，他们不急于活动，主要工作是做好隐蔽工作，特别是打入敌伪的同志，主要是潜伏。还有就是重在学习，掌握新时期党对白区工作的方针。如朱启銮说："我们当时认真学习了毛泽东同志的《论持久战》，以后又学习了毛泽东同志1940年5月4日写的《放手发展抗日力量，抵抗反共顽固派的进攻》等重要文章，牢记'隐蔽精干，长期埋伏，积蓄力量，以待时机'的指示，反对急性和暴露的指导思想，与敌伪进行有理、有利、有节的斗争。"①

1944年秋，江苏省委决定成立南京工作委员会，委员四人：刘峰、朱启銮、彭原、陈慎言。刘峰任书记，朱启銮任副书记。第一次会议在丰富路曹都巷彭原的家里召开。刘与彭分管工人工作，朱与陈分管学生工作。彭在下关铁路车站找到工作。陈先在南方大学读书，后在鼓楼黄泥岗开设电料行，作为掩护。

---

① 朱启銮：《南京地下斗争十年》，《怀念朱启銮同志文集》，第209页。

到 1944 年下半年汪精卫死后，传言四起，敌伪矛盾渐趋表面化。日军由于战线过长，兵力不足，也呈摇摇欲坠即将崩溃景象。而这时南京党的组织已经有了相当的力量，于是乘此有利的形势，在条件成熟的地方，开始进行一些瓦解和策反伪军的工作。他们通过经吴良杰教育后介绍入党的汪伪中央军校学生白烈天的关系，陆续拉出一部分该校毕业生，在校外丰富路建邺路转角汇丰银行货栈楼上组织他们学习。朱启銮多次给他们讲形势，介绍八路军抗日战场情况，不断进行爱国主义教育和阶级教育。在了解到在燕子矶有敌人军械库，看守人员有汪伪中央军校学生后，即布置该校毕业生王立民前去侦察情况，准备在条件成熟时进行策反工作。后来在日本投降时，果然策反成功，为新四军输送了一批兵力和武器。

　　在中共秘密党员徐楚光、赵鸿学（新四军系统）长期工作策动之下，1945 年 8 月，发生了震惊敌伪的一件大事：汪伪警卫第三师（驻防在栖霞山至六合一线）师长钟剑魂利用秋季演习，将全师人员拉至六合附近，宣布起义。由当时华中局城工部负责人刘长胜代表华中局党委接收全师起义人员并进行改编。这是南京秘密斗争的一个大胜利！这一胜利大大鼓舞了在日寇铁蹄下的南京人民，也沉重打击了汉奸分子。这个胜利也教育了南京党组织，在新的形势下，只要政策和策略得当，是可以有所作为的。

1945 年 8 月，日本投降，形势发生了急剧的变化。南京党组织根据当时中央积极配合新四军夺取南京的指示，"派盛天任等同志组织修械所、农科所及中山陵驻卫警中的地下党员和积极分子，在中山门、太平门外等处搞群众武装，由彭原同志领导三轮车工人和城区工人群众作好夺取枪支的准备，以期在新四军进攻南京时，里应外合"。①

为此，朱启銮要地下党员盛天任利用在汪伪陆军部修械所的条件，做好军事方面的准备工作。他和盛天任一起介绍洪仪征入党，洪仪征后与盛天任结成夫妻。婚前，朱启銮提醒他们拍一张结婚照，并说："你们都是'少校'，结婚的仪式要与你们的身份相符。"结婚时，他们请一二百人举办了一个茶聚会，朱启銮就像个正常往来的朋友，送了 200 元份子。②

---

① 朱启銮：《南京地下斗争十年》，《怀念朱启銮同志文集》，第 210 页。
② 《那段真实的潜伏》，《中国教育报》2011 年 9 月 25 日。

图2-3　盛天任

图2-4　盛天任
和洪仪征结婚照

后来，新四军未能接收南京，他们即取消了里应外合的打算，继续隐蔽下来。

（三）陈修良深入虎穴　大隐于市掩护多

1945年10月，华中分局根据新的形势，决定加强南京的工作，成立南京工作部，直属城工部（部长为沙文汉），作为城工部的派出机构。南京工作部的机关设立在根据地六合县城内，隔江领导南京的工作。部长是陈修良。该部成立后的一个重大举措，是把南京城内各系统党组织和党员统一由该部领导。陈修良刚刚同沙文汉相逢于淮阴不久，又要匆匆分手了。

正当陈修良在华中分局城工部讨论南京的任务时，中央城工部刘晓从延安到了华中分局，中央任命他为将要成立的上海分局书记。刘晓带了一些具有丰富的白区工作经验的重要干部回上海，南京工作是十分重要的，他把王明远介绍给陈修良，派他到南京负责学生工作。刘晓再三强调重视秘密工作与合法工作相结合的重要性，千万不可重蹈覆辙，急躁冒进，避免全军覆灭。

为了靠近南京，南京工作部机关设在初解放的六合城内，同南京城内的党组织秘密联系，两岸政治交通员往来频繁，一些负责同志也都到过南京汇报工作。南京工作部的主要任务是：

1. 领导南京城内各个系统的党组织，统一领导南京市的工作。当时南京城内的党组织有几条线，彼此不发生关系，政出多门，很不协调。这些组织是：南京工委（城工部领导）、南京特支（苏南区党委领导），还有淮南、淮北区党委和六合、江浦县委派出的一些组织或党员。

2. 整训干部。采取整风办法，学习党的文件，研究白区工作过去的经验教训。以刘少奇的《论党》、《论公开工作与秘密工作》，以及党的七大文件作为教材，加强组织性纪律性。

3. 了解南京市的情况，摸清各种群众组织及其与党组织的关系，群众团体的政治背景，着手调整，统一领导这些分散活动的群众团体；建立根据地与南京的交通联络站，及时传达党的上级指示。

4. 审查领导干部的历史，另行配备干部，充实力量，凡是南京不能立足的干部，一律撤回根据地，派出一批新干部。

1946年初，国共的双十协定被破坏，国民党军队准备进占六合。陈修良说："我们夜间接到通知，撤退到天长县城内暂住苏家花园，那时正是旧历年的前夕。过了不久，又突然得到通知，敌人军队已离天长县不远，我们连饭也不吃，急忙跑了几十里路方才休息，决定先向北撤回分局去请示。到了淮阴才知道华中分局城工部已经随同分局一起迁到淮安，在胯下桥附近设立了机关。"根据分局分析，敌人还将北进，南京工作部已经不适合领导南京的工作，必须改变方式。1946年4月，华中分局谭震林书记决定成立南京市委，并派陈修良任市委书记直接潜入南京城内工作。

南京是首都，国民党除配备重兵，严加卫戍外，还遍布特务网，密侦暗探，滥施捕杀。整个"大南京"笼罩在白色恐怖中。陈修良与沙文汉知道，自中共建党以来，南京的党组织连续八次遭大破坏，市委领导人几乎全部牺牲，因此南京在中共党内被称为"虎穴"。陈修良作为南京市委第九任书记再次潜入这个虎穴。

她和沙文汉都做好了牺牲的思想准备。1946年4月，沙文汉亲自送陈修良到南京，并在她挑行李的扁担上写了一句话："不入虎穴，焉得虎子"。夫妇诀别在长江北岸时，陈修良感慨地吟诵了古代荆轲刺秦王之前的两句诗："风萧萧兮易水寒，壮士一去兮不复还。"何等悲壮！

沙文汉也赋诗一首：

丙戌春送修良主持南京地下党工作，赠诗以壮其行

男儿一世事横行，巾帼岂无翻海鲸？

欲得虎子须入穴，如今虎穴是南京！①

---

① 《沙文汉诗文选集》，第15页。

图2-5 1946年陈修良潜入南京时身份证照片

陈修良在江边脱下军装，换上便衣，随马文林、朱启銮划木船渡江南去。沙文汉望着妻子远去的小船，心中默默地为她祝福："阿福，你一定要当心，你会成功的!"

陈修良也相信自己："我一定能够坚持下去，吃过十年内战，八年抗战的苦头，我的意志是被锻炼得很强硬了。"

进入南京后，陈修良先暂时住在朱启銮家中。后来考虑到安全，还是单独居住，以免牵连。先与另一位女党员金展辉住一起，后觉得两个单身女子住在一起，会引起注意，又租了一次房子分开住。因为国民党要查户口，她们两人来历不明，恐怕出事，决定分别搬家。

陈修良在南京的条件是不好的，有许多特务头子认识她，特别是叛变后的一些前莫斯科留学生如王新蘅、张国焘，都在国民党军统或中统任大小职务，一旦被发现，她就十分危险。因此她不能有公开职业，好在是妇女，没有职业当一个家庭妇女，也不至于引起邻居怀疑。平时昼伏夜出，出门时戴太阳镜、打伞，从不到市中心热闹地方或戏院、商场、茶楼、公园等公共场所去，以免被人认出来。当时周恩来、董必武等中共代表团驻在南京梅园新村。但是，为了安全，南京市委绝不与公开的中共代表团联系，连附近的马路都不能走，因为那里有特务密探的监控。

陈修良后来搬到柏焱和柯秀珍夫妇家中，他们均有正当职业，最为合适。柏焱是一个军用化工厂的技师，柯秀珍在一所中学教书，国民党特务机关当然不会怀疑。他们有一个婴儿，陈修良就算是他们的"姑妈"张太太。陈修良在党内也用过"姑妈"这个代号。地址是中正路武学园3号楼上，市委经常在这里开小会或接头。陈修良在南京期间换过多次居住地，1948年1月柏焱家的房子转给王明远居住，陈修良转移到林徵和江瑾夫妇家。1948年12月以后，由于形势变化，出于秘密工作安全性需要，又转移到中华路鲍浙潮夫妇家。鲍浙潮在和平门附近租一二层楼，陈修良住楼上，鲍氏夫妇住楼下。陈修良对外是一

图2-6 鲍浙潮

位有钱的老板娘张太太，除了史永以外，无人知道这个秘密地点，他们均以华德电料行的股东身份为掩护，一直坚持到解放。[①]

鲍浙潮为陈修良寻觅这个秘密住处，颇费一番周折。鲍回忆说：

> 当时南京社会情况存在着很复杂的情况：1. 原有组织破坏无遗，现有党员人数甚少，且非本地人居多。2. 保甲制度户口控制很严，盘查很紧；外来居留，限制尤甚。3. 房荒极度严重，建房租房，都极困难，致住屋问题很难解决。4. 没有熟识的地方社会关系，不易接近群众。因此，从外进去活动，突出、孤立，难能隐蔽立足，容易暴露，被敌人发现，造成损失。所以，在进入南京之前，领导上第一个考虑的问题，是如何布置好掩护机关，使地下市委进去，可安全进行工作。组织上正在物色人员时，我正好摆脱浙江国民党政府的控制，来到上海。因为我在抗战期间，曾

---

① 《华德电料行与南京地下市委的关系》，《陈修良文集》，第 216—218 页；鲍浙潮：《解放战争时期设在敌人心脏的中共南京市委的掩护机关》，手稿，《沙、陈自存文档》，3-0697。

受浙东地下党派遣，打入本省国民党黄绍竑系统，做统战工作。不幸中途因党内"肃托运动"，把我打成"托派"，突然中断我的组织关系，国民党方面因为"托派即汉奸"舆论的影响，也对我监视、限制起来。在政治上我受到双重打击，精神很痛苦，一直不能自拔。

日本投降，我乘机摆脱国民党的控制，来到上海，本来我切望回到党的怀抱，但是党内视"托派"为"奸细"，在洗白之前，贸然找党，我怕自投罗网被冤杀（已知有多起）。所以先在工商界觅个安身之处，以后再作打算。

我先与大革命时期的几位朋友取得联系，如邱庭芳、周思斋和姑表兄闻鸣皋等。他们在工商界都有相当的地位，对我在浙江的遭遇和到上海后的处境，也都了解并抱同情，慨允帮我开设厂店，解决我的职业问题。其时，闻鸣皋独资开办泰丰搪瓷厂，经济实力雄厚，然纯属亲戚感情关系。邱则开设华泰电机厂。周在中华企业公司，他是大革命时期党员，虽已是资本家，脱离了组织关系，而实际仍与上海地下党负责统战活动的史永保持着紧密的联系。史永也是我大革命时期的老战友。故我很快有机会与他接触。他把我来沪消息和政治思想的真实情况，向上海党组织作了介绍。上海的几位领导同志，对我的政治历史原甚熟悉。且对我陷在反动政府时的表现，有所了解。故组织上就把拟在南京设立地下市委掩护机关的任务交给了我。

当史永把这一组织上的重大决定向我宣布时，我自感，我刚从敌人阵营中走出来，更蒙党对我如此谅解和信任，感到无限感激。但顾虑也产生了，南京是敌人的首都，去做地下机关的掩护工作，这样关系到党的首脑部门安危的、绝密性任务，稍有差池，就会造成革命事业的无可估量的损失。这样的重任我配担任吗？我思想上很犹豫。史永看出了我的顾虑，对我说："不进虎穴，不接近老虎，怎能打得死老虎？"他使我领会到，到魔窟里去做掩护工作，本来就要做与魔鬼打交道的事。这说明组织上对我前段时间在浙西魔窟与魔鬼打交道，没有为魔鬼同化，却能在魔掌中保存自己，是清楚的。认可了我有与他们打交道的能力和可信任的政治品质。于是就欣然接受了任务。

在史永同志亲自筹划指导下，我们很快把进入南京的具体工作和方针、原则定了下来。即用我的外形开设商店，而且要用资本家的资金，资本家的外衣，同时要用敌人方面官僚特务的"魔影"，迷惑敌人的视线，达到我地下组织安全地存立下来，开发工作和活动，不受敌人注目和发现的目的。

这时正好听到南京中华门85号门牌的一家电料行要准备歇业。我们觉得很好。便决定把它盘顶过来营业。现成利用做我们的掩护机关，大大减少了新开张引起的注意。定店的名字叫"华德电工器材行"，专门销售电工器材商品，兼承接水电装修工程，定资本额为一万银元。股份有限公司性质。故意拉拢上海一批有名工商资本家，如泰丰搪瓷厂的闻鸣皋，华泰电机厂的邱庭芳，任万兴电器胶木厂的任佩铭，联业公司周信斋等九个公司厂家，都纷纷入股成为股东。不足的部分，由上海党组织出资，刘长胜、陈修良、史永都是个人名义投资人。为防止意外，另加一道防线，即在总经理之上，建立了董事会，董事长是邱庭芳，总经理应玉书，两个名额，备作伸缩、进退折衷余地。对于陈修良和史永来说，既然是股东，出入这个商店也很自然，没有引起敌人的注意。

南京华德电料行建立并开始动作以后，我们

还在上海江西中路印度餐馆设立一个更加隐蔽的联络站，以便沪宁两地领导人联络之用，在这里作许多重大决策、计划。因有公开商业做掩护，未暴露。再加上著名资本家的牌子，京沪两地的联络从未受到影响。从某种意义上，保证了推翻国民党政府的胜利。因为历来共产党的失败，都是从机关和住址的破获开始的。如果共产党的机关和党员住址都保护不了，谈何胜利！

但是，潜在的隐患还是有。陈修良和我们时刻警惕和思考着，一刻也不放松。陈修良是市委书记，但她是一个女性，而华德职工全是男性，无法辟设单身房间，供她常住、秘密办公之用。但在市内实在无法觅到合适的房子，拖到1947年初，乃又通过一些地方关系，在和平门附近，租到不与村屋相连的四间独立平房。还特地将我爱人邱楣林，以夫妻聚迁为名，辞去上海大信布厂职务，搬来南京，租用此屋。原以为这里环境隐僻，陈修良来往，又有了女伴，更适合我们方便、安全化的要求。但入住以后，即发觉此处乃系郊区环境，荒僻甚少行人，本来是优点；可是此屋通往大路，尚有一段小径。我们白天出门，一遇敌人注意，便无隐蔽之地。又因当时路劫常闹，入夜警队巡查反复，这对陈修良的活动，显然极有危险。所以还得要另找房子。

由于华德的开设，生意相当不错。于是引起我表兄闻鸣皋到南京来开拓地盘的兴趣。他决定在南京开设上海泰丰搪瓷厂南京发行所。不久大批搪瓷品运来，正式开业。所址先设在华德，叫我任总理。后来，有几个大官僚和地方霸头，合办了一家新的大商场，地址在建和路，叫"太平商场"，规模很大，招商分租营业。闻鸣皋就让我代表他去租了两开间门面，开设了上海搪瓷厂和华丰毛巾厂的联合门市部。也是让我兼经理。像煞我真成了资本家的样子。为着渲染这几家商店的纯商业色彩，经常故意在报纸和影院银幕上刊登醒目的广告。这一来给我们的掩护活动，开辟了更宽阔的场地。

正当 1948 年解放战争几个大战役日益逼近的时候，也就是南京地下市委需要在敌人心脏配合的日加繁重紧张的时候，对市委书记陈修良同志来说，秘密办公住用房，更加迫切需要解决。正在为此大伤脑筋的时候，忽然得知华德后面，王府园 24 号的"中华商场"旧基，有个叫范冰雪地痞，此时与其当汉奸的女婿刘以威（当时改任蒋帮京沪江防司令刘秉哲的参谋），在这里合建一幢四层三开间房，尚未开工，即索预付租黄金六十两，对外招租。组织上认为正合切用，即要我下手洽租下来，可是这笔巨金，难以请上级立即批拨下来的。我就跑到上海向表兄闻鸣皋游说。我以扩大泰丰厂南京业务，需要堆放产品存货为理由，劝他全部承租。同时提出陈师母（陈修良母亲）出资十两黄金，划给她一楼一个底，作为借用。就这样把这幢房签约租用了下来。我还把和平门外房子退租，让我爱人搬到此地来住机关，陈修良在此秘密办公。因为是范冰雪岳婿两霸的地产，谁也不怀疑和寻衅。对于敌人来说，形成一个"灯下黑"。地下市委核心机关就此安下，一直到南京解放，始终保持"平安无事"。

南京以上几次机关，除掩护首脑机关人员安全进入南京以外，还执行了以下任务：1. 接收重要军政情报，经常进入组织指定的场所（敌人军事机关、酒店、舞厅、剧场、影院、游乐场或路上），向符合暗号的地下同志，秘密接收或发交密件。2. 专程递送紧急秘件，凡市委需急送的重要文件，每次都密藏在日光灯管内，或其他电器内，由我以商人身份，专程赶送到上海局联络机关交收。3. 掩护市委负责人员外出活动。如陈修良与起义、工潮、学潮、设置秘密电台的负责人员，都是单线联系，我每次随护，到达指定地点后，我担任侦察、警戒工作。4. 进入敌人首脑机关，探取动态。我经常凭借商业资本家的身份，与熟识的官僚人员交往，以承接水电工程，或商洽物资买卖为名，进入敌人军政机关，窥探敌人内部动态，提供组织参考。5. 掩护解放区地下机关采运军需物资。如1947年苏北解放区派人来上海采购一批电讯器材，当时查禁甚严，就由华德出面，从申庄办成，秘密安全装运出境。1948年皖北部队，来白区采购一批军用电话机，冒用敌军番号，指名华德办理，遂也为之全部办成，秘密运交合肥。

这个掩护机关始终"平安无事"，并不是单凭"资本家的身份"。相反，由于我在浙西经历关系，与众多特务和官僚认识，在机关设立之后没几时，就有在浙西追踪、监视过我的原忠义救国军总部参谋严国良找上门来，还有这时在国民党大特务头子吴开先下面上海市社会局处长杨巨松（原浙西行署 CC 特务头子）也布置他手下的科长周味辛，来摸我的情况。到了南京以后，则是黄绍竑刚在浙江倒台，原浙江一批特务、官僚都跟他一起涌到南京来了。看见我在这里商业界搞起了一点场面，特务一是为盯梢，二是敲点竹杠。官僚是经济困难时，向我借点钱；身份高一点的想利用我拉资本，开商行，做投机生意。我采取对付他们的方法，一是来者不拒，都予应酬。二是以毒制毒。我故意以宴请原浙西行署主任贺扬灵这个大反动政客方式，特邀他下面一些重要特务、官僚头目作倍，使他们认为贺与我存有某种关系。遂不敢随便来我这地方打什么主意。三是施放烟幕，这些特务官僚分子，知道我在浙江是两手空空的穷光蛋，来南京大开商店，不相信是资本家地方来的，于是有的猜疑是吴县伪县长安春融在任内搜刮来的钱，要我开店的，又有说，是崇德伪县长张树德暗中放的资本；也有疑心是当时国民党江苏省党部江北办事处主任方元民（原浙西行署政务处长）暗有股份。因为他确曾与我商谈办"商行"，要我拉股子。这一来，这批家伙都有猜疑。乱话越说越多，最后甚至说我的后台老板是贺扬灵了。于是有人把我们这几家店说成是"黑店"。当时我就用这种谣言，当成迷雾，既不否认，也不承认，使他们真的当成是官僚资本的商店，一不敢多来滋扰，二也更看不清我们的真正面容。于是达到了"用敌人的魔影"，迷乱敌人视线的理想效果。①

鲍浙潮的以上回忆，生动地显示了这些秘密战士生存与斗争环境的艰险和复杂，以及他们应对的大智大勇。古语云："狡兔三窟。"若不说其"狡"，可称其"智"。陈修良三年中天天在魔窟中战斗，始终没有暴露和被捕，是与她在受到威胁前经常改换住址有关的。更在于这些忠诚党员们机智、勇敢的掩护。解放前这一届南京市委组织保存完好，南京党的秘密工作做到了如同沙文汉在华中分局城市工作部曾经要求

① 鲍浙潮：《解放战争时期设在敌人心脏的中共南京市委的掩护机关》，手稿，《沙、陈自存文档》，3-0697。

的 "像酵母菌在面团里发酵那样，只看到面团发起来而看不到酵母菌的存在" 这样出神入化的程度，以至于国民党一度认为：共产党组织在南京已经没有了，这在中共大城市秘密斗争史上是非常独特、绝无仅有的。

（四）上海局坚强领导　南京党组织严密

陈修良来到南京时，面临的首要问题是建立组织，把多头联系的组织统一起来，加强团结，以有效开展工作。虽然党员不多，但不可忽视，因为大多数是干部，即都是革命的种子，是今后工作的基础。为了安全，南京市委不设立固定的市委机构，市委成立后第一次会议是在 1946 年 4 月下旬，地点在磨盘街 42 号张杰（鲁平）的家里。鲁平的父亲是一个进步人士，同情革命。他家有一个假山花园，一家独住，在他家后院开会很安全。陈修良传达了华中分局城工部布置的任务——统一南京各个系统的党组织，为和平民主建立新中国而奋斗，争取同国民党合作，召开全国性的国民大会。市委工作是配合中共办事处（即南京局）的政治活动，组织并引导广大群众拥护党的和平民主政治方针，反对内战与独裁，在群众运动中建立和发展党的组织。

图 2-7　磨盘街 42 号

5 月初成立南京市委，委员由华中分局决定，共五人：书记陈修良，副书记刘峰，委员有方休、王明远、朱启銮。后来上海局又派来陈慎言和专做情报、策反工作的卢伯明、史永。市委成立后吸取历史教训，不建立或少建立机构，避免发生横的不必要的联系。设立多个委员会或单独的支部组织，分类进行领导，单线联系，力求组织短小精干。陈修良说："市委全体会议开得极少，往往三个人在一起开会。我每次都参加。三个人的会议还可以召开，再多的人就有危险了。"所有的干部都职业化、社会化，深深扎根在群众之中。

图2-8　刘峰

1946年5月，陈修良收到上海母亲的来信，称有家事要商量，实际上是已经到上海的刘晓要陈母写信让她来上海会晤。一天夜里，当人们熟睡时，刘晓在景华新村二楼一个亭子间秘密地告诉陈修良：华中分局城工部长沙文汉不久会回到上海，因为长江的交通完全断了，他将在上海代表华中分局领导南京的工作。刘晓还告诉她：中央说要准备长期内战，也许五年到十五年，我们将长期潜伏在地下，问她有没有决心。

陈修良毫不迟疑地回答："我有决心！"

刘晓哈哈一笑说："到那时我们的头发都要白了。"

两人对视，默默点头，相互以眼神鼓励对方，表示了做长期潜伏的决心。

这时的夜色是那么深沉，空气也是那么庄重与严肃，像是凝固了一般。两人都明白，同志与战友的忠诚和献身精神重于泰山，为了建立一个民主、自由、富强、人民幸福的新中国，他们愿意贡献出自己的一切，包括自己的生命。

1946年11月，国共对峙的局势进一步恶化，迫使周恩来率中共代表团从南京返回延安。1947年1月起由董必武暂管国统区党的工作。董必武与中共代表团办事处在3月建立中共中央上海分局后，从南京、上海撤离。

根据中央的决定，1947年5月6日中共中央上海分局正式改为中共中央上海局，书记刘晓，副书记刘长胜。钱瑛在南京局的原南京和西南地区的组织领导关系并入上海局，担任组织部长；原上海八路军办事处的刘少文（张明）负责情报工作（1948年秋刘少文调离后，由吴克坚负责上海局情报工作）。上海局下设文化、工商、统战委员会和外县工作委员会。1948年以后又增设了策反工作委员会。在《中共中央关于上海中央分局改为上海中央局的通知》中，特别强调了谨慎甚至单线联系的方法："在目前较严重环境中，上海局全体会以愈少开愈好。原在上海党委负责各同志，仍各管一方面工作，与上海局一个同志定期接头，不要参加会议。"

图 2-9　中共中央上海局领导人合影
（1949 年上海解放后摄）

　　从 1948 年起，上海局在香港先后举办了多期有上海、南京、武汉、湖南、川东、川康、云南、贵州等地党组织负责人参加的学习班，系统地总结工作经验教训，研究今后的工作任务和斗争策略，在政治和思想上为迎接各城市的解放做了重要准备。这一系列活动的举办，使中共在香港有了最初的立足点。

图 2-10
万景光夫妇在
去香港途中

中共中央上海局的职责是长江流域、西南各省和平津等地党的组织与工作，并在必要时指导香港分局的工作。中共中央白区工作的领导机构，避开了军警特务密布的政治中心南京，设立在相距不远、五洋杂处的经济中心上海，可获得更大活动与隐蔽空间，减少牺牲，后来的发展证明这个决定是很英明的。

沙文汉（张登）1946 年 10 月以华中分局城工部长身份从华中根据地潜回上海，上海局成立后，担任宣传和统战部长并主管京沪杭地区的城市工作，直接领导南京的工作。1948 年 11 月上海局策反工作委员会成立后，在书记张执一离沪期间，上海局的策反工作也由沙文汉负责。

自此，中共的公开组织完全撤出上海和南京一带，只有准备永久潜伏的极少量干部，极其隐蔽地留在这些城市中。在解放战争中他们凭借着忠勇、智慧、团结一致，在政治斗争、群众民主运动、统一战线、情报策反、文化宣传、城市接管等工作中发挥了极大的作用，为以后解放军渡江、推翻蒋介石政府发挥了无可替代的作用。

成立后的南京市委，根据形势需要不断充实、调整、发展。

学生工作委员会。1946年5月最早建立的是学生工作委员会，书记王明远，委员盛天任、欧阳仪。

图2-11　卢伯明

情报部。由卢伯明负责，成员有白沙、王荣元、刘贞等，情报工作通过陈修良与上海局负责人刘少文（后为吴克坚）单线联系。

工人工作委员会。1947年随着职工运动的发展成立工人工作委员会，由陈慎言、彭原、高骏等负责。

警察工作委员会。1948年10月警察工作委员会建立，由马文林、陈良负责。南京约有八千名警察，有许多分局，12名中共党员掌握了近半数的分局。

　　策反工作部。1948年秋，上海局指示南京市委："动员全党与群众组织的力量及关系，普遍地打入敌人的心脏……同时争取那些对现状不满或失意分子，使他们能从国民党内部分化出来，或组成国民党中的反对派。在国民党内部，特别是在前方部队中，要有计划去发动要求和平、反对内战，以及失败主义的宣传和斗争，最后发展到退出战线或起义。"[①] 将原来上海局的情报工作负责人史永（即沙文汉四弟沙文威）[②] 等党员关系交给南京市委，成立了策反工作部。策反工作部也由市委书记陈修良单线领导，对上海局负责，与上海局张执一、沙文汉单线联系。

图2-12　沙文威
（史永）

---

① 《中共中央上海局给南京市委的指示信》（1948年10月），南京市档案馆藏。

② 为纪念二哥沙文求的牺牲，沙文威起用了沙文求的化名"史永"。

公务员工作委员会。主要针对国民党军政机关的公务员，由市委委员林徽领导，成员有王嘉谟、姚禹谟、刘诚（羊申甫）等，采取打进去、拉出来的办法，在国民政府、中央党部、美军顾问团、兵工厂、国防部等军政机关，都安排了党员或同情者。

文化工作委员会。1948年初由王明远兼管，下面掌握记者、报刊、电台、电信等关系。

小教工作委员会。1948年1月起先后由市委委员朱启銮、市委副书记刘峰负责。

此外，还有银钱业工作委员会、店员工作委员会，还领导镇江工委及派去党员建立的芜湖、宣城、安徽大学、淮南矿区、徐州、无锡等地方支部。

南京市委最初领导的党员只有二百人，到1949年4月解放时也不过两千党员，在一百多万人口的南京城所占比例极小，所以在南京这一特殊地区，市委坚持党的队伍谨慎发展、短小精干、以质量取胜的方针是非常必要的。工作方法上，除了陈修良单线联系的情报和策反两个部门外，其他部门主要是依靠各工委骨干和党员主动创造性地开展独立工作。他们正确地执行了"隐蔽精干、长期埋伏、积蓄力量、等待时机"的秘密工作方针，深入社会各层中，像酵母菌在面团里一样，只看到面团发起来而看不见酵母菌的存在。历史证明，从 1946 年到 1949 年春，南京市委领导的秘密战线，在国共两党战略性大决战中发挥出极高的水平，是中共建党以来城市工作史无前例的典范。

为了使南京的秘密斗争有更大的回旋余地和更加安全，陈修良还在上海设立了南京市委的上海联络站，由贺崇寅负责。贺原在抗战胜利后华中分局城工部长沙文汉手下工作。1946 年 5 月，沙送陈修良去南京后，派贺去南京做城工部与南京市委之间的政治交通工作。7 月以后，全面内战爆发，长江被封锁，贺回苏北城工部受阻。陈修良就要他留在南京，在卢伯明领导下做情报工作。但是，当时在南京寻找职业掩护困难，而贺的父亲已在上海安家，并为他安排了工作。于是，陈修良让贺到上海建立南京市委的联络站，并直接受陈修良的领导。关于联络站的任务，陈修良对贺说："南京有不少党员因各种原因不得不撤退到上海，其中有的是为了政治避难，有的是已经考取了上海的大学或来上海就业，等等。这些党员本来都可以转给上海党组织的，但由于政治环境十分险恶，由南京转来的党员中有的面目已经暴露，留在南京很危险，转到上海，也恐牵累上海党组织，因此经中共中央上海局决定，暂时不把这些党员的组织关系从南京转到上海，单独建立一个联络站，仍由中共南京市委领导，这个联络站的任务是保持组织联系，保存实力，而不是开展群众工作，这一点要特别注意，组织生活的内容主要是学习形势和理论。"①

后来，这个联络站的党员人数达 20 多名。1947—1948 年是全国特别是京沪地区学生运动高潮时期。这些党员多数是上海的大学生，二十岁左右，身处学生运动汹涌澎湃的中心，怎能叫他们冷眼旁观呢？陈修良知道这个情况后，对贺崇寅说："只能以一个积极分子面目出现参加一些群众性的活动，不可暴露身份。"最后这个联络站坚持到 1948 年 11 月结束，多数人转上海党组织，少数人撤退到苏北根据地，证明陈修良设立这个联络站达到了"保存实力，等待时机"之目的，同时对已经暴露的同志立即采取保护措施，在需要的时候，又能充分发挥他们的作用。这是在严酷秘密斗争中创造出来的一种高明策略，完全改变了以前极左路线那一套城市斗争盲动冒进、无故牺牲的老办法。

① 贺崇寅：《革命种子是这样得以保存的——在中共南京市委上海联络站工作的日子里》，《上海党史研究》1995 年第 1 期。

关于南京市委的组织和活动方式，陈修良后来对沙文汉说，有优点，也有缺点。"优点：一是在白色恐怖十分严重的情况下，党的组织采取了比较分散又能相当集中的形式，便于使各个部门独立作战，如某一部门遭到破坏或发生问题时，不致互相牵累。负责人中如某一人发生被捕等情，其他人还可与下面发生联络，不致中断组织关系。""二是在准备配合解放后的接管工作时（这是当时上级党交给南京党的一个主要任务），按系统组织可以便于护厂，护校，保护机关的物资，了解国民党机关内部的情况（当时国民党机关内的一部分党员，被指定专门负责调查敌产与人事情况，不参加一般的群众运动，以免暴露面目）。"可以说是在上层统一领导下，各条线平行、创造性地独立工作的模式，它最大限度地发挥了中下层的能动性和灵活性。

"缺点是：由于组织分散，层次又多，集体领导作用差，了解下情比较困难，由于各级领导人凭个人见解处理问题，贯彻中常会发生偏差，发现与解决问题不及时。其次，市委书记直接联络的部门相当多，而且任务繁重，这样的组织形式与分工，在淮海战役以后，使我终日忙于奔走，不能很好全面照顾，使工作遭受许多损失，并且我接触的策反与情报部门电台等危险性相当大，如果南京解放不能这样迅速，组织的安全也是没有很好保障的。"①

南京市委在这样严重白色恐怖之下，在解放战争中全面开展城市各战线的工作直至解放，成为坚强的堡垒，成为插入国民党统治心脏的一把利刃。

---

① 《沙文汉给南京党史办的信》（1962年3月26日），手稿，《沙、陈自存文档》，1-0733。

三　利剑出鞘　小试锋芒

（一）形势好大进攻　"五二〇"震全国

1945 年，在党的七大政治报告《论联合政府》中毛泽东提出废除国民党一党专政，建立包括各民主党派和爱国民主人士在内的民主联合政府，制定一个民主的共同纲领，以便动员和统一中国的抗日力量打败日本侵略者，建立一个独立、自由、民主、统一和富强的新中国。抗战胜利后，中共又提出了正确的政治口号与纲领——动员和团结全国人民，结成广泛的民族统一战线，号召各民主党派和各界人士迅速召开政治协商会议，成立联合政府。

毛泽东当时还特别阐明"几个民主阶级联盟的新

民主主义国家，和无产阶级专政的社会主义国家，是有原则上的不同"，"中国在整个新民主主义制度期间，不可能，因此就不应该是一个阶级专政和一党独占政府机构的制度"。他有力地痛斥蒋介石是"背叛孙先生的不肖子孙，不是唤起民众，而是压迫民众，将民众的言论、出版、集会、结社、思想、信仰和身体等项自由权利剥夺得干干净净"。①

在接受路透社记者甘贝尔采访时他说过："'自由民主的中国'将是这样一个国家，它的各级政府直至中央政府都由普遍平等无记名的选举产生，并向选举他们的人民负责。它将实行孙中山先生的三民主义，林肯的民有民治民享的原则与罗斯福的四大自由。它将保证国家的独立、团结、统一及与各民主强国的合作。"②

这些言论获得了国际和国内舆论广泛的认同，被认为是中共的建国纲领和公开许诺，也是抗战胜利后各民主党派和各界人士反对内战，要求和平建国的重要政治动力。而蒋介石"一个党、一个主义、一个领

---

① 《毛泽东选集》第3卷，人民出版社，1953，第1076、1094页。
② 《毛泽东选集》，东北书店，1948，第505页。

袖"的口号和要用军事力量一举消灭中共的行动，则成为国民党专制独裁的自白。

1946年下半年，南京的形势很严峻，国民党军队大规模进攻解放区，蒋介石以胜利者自居，骄横跋扈，美援滚滚而来，武器装备面目一新，宣扬六个月内消灭共产党。南京城内特务机关林立，声势浩大，大有黑云压城城欲摧之势。他们认为南京城中已经没有共产党可以活动的余地了，始终不知道中共这一条秘密战线。

南京市委成立后立即投入和平民主运动。1946年6月中旬，中共上海工作委员会书记华岗建议，由上海市各群众团体选派代表赴南京，表达呼吁和平反对内战请愿，得到了周恩来的同意。1946年6月23日，以上海著名爱国人士马叙伦、雷洁琼等11人为代表的上海人民和平请愿团来南京向国民党政府和平请愿，刘晓、刘长胜二人指定张执一为这次群众示威大会的秘密总指挥。各界都有负责同志作联络员，如张祺、陆志仁、张本、吴学谦等。当晚代表团抵达南京下关时，被国民党组织的特务流氓殴打，著名的民主进步人士马叙伦、阎宝航、雷洁琼、陈震中四名代表受重伤，前来采访的《大公报》、《新民晚报》记者亦遭毒打，造成了震惊中外的"下关惨案"。在南京的中共代表团团长周恩来亲赴医院慰问。

陈修良认为这是一次教育人民认识国民党假和平真内战、假民主真独裁的好机会，召开市委会议决定：全市各系统的党组织发动群众络绎不断地到医院慰问，同时也使党的斗争艺术更加成熟。

如陈修良所说：

"下关惨案"的发生，进一步激起了南京广大人民对国民党实行内战独裁政策的痛恨，民心的向背，便利了我们的工作。我们在"稳扎稳打"的口号下，把政治斗争与发动职工争生存的经济斗争结合起来，使群众运动有了进一步的发展。

国民党控制下许多单位（如电讯局、铁路等）的工会是强迫工人集体加入的，不加入的就说是共产党。我们的对策是，不成立非法的红色工会，而是参加进去，争取工会的领导权。有的工会我们能控制一部分，有的工会则能完全控制。此外，我们还组织了一些兄弟会、姐妹会、联谊会等群众性的小团体，在斗争中也起到了一定作用。①

南京市委还先后接待、资助和护送从中原解放区突围出来的数百名县团以上干部到解放区工作，其中包括王树声、韩东山等军事指挥员。这批干部路经武汉、南京后到上海，再到苏北、山东解放区。

7月25日，以长期坚持民主运动而著名的教育家陶行知先生在上海逝世。12月1日，在南京由陶行知创办的晓庄教育基地举行公葬仪式。中共南京市委发动各界群众2000多人参加迎接灵柩和送葬活动。这场合法斗争，国民党政府无法镇压，中共扩大了影响，发展了组织力量。

但是，当时中共中央对形势的估计还是很不乐观的，认为全面内战后国统区地下斗争和群众运动将面临相当长时期的低潮。1946年11月，国共谈判最后破裂，中共代表团撤回延安。周恩来行前对留守人员说，国统区黑暗严重的时刻又到来了，必须准备坚持

---

① 参见陈修良《上海局领导下的南京市委工作》，中共上海市委党史资料征集委员会主编《解放战争时期的中共中央上海局》，学林出版社，1989，第195、199页。

艰苦的斗争。党的领导机关向下级发出指示，要长期隐蔽，要做十年八年的准备，不要搞大运动。上海工委刘宁一对负责青年工作的朱语今也是这样说的。当北平学生抗议美军强奸一位女大学生的"抗暴运动"扩展到上海时，上海地下学委系统的同志甚至对学生响应北平的行动加以劝阻。后经朱语今向华岗提出了应积极响应的意见并转告上海地下学委，上海学生抗暴运动才发动起来。南京抗暴运动也经过了一些曲折。实际上群众的自发斗争推动了党的领导思想的改变，就全国来说，这个所谓的"低潮"期极其短暂，到1947年春，学生运动的高潮很快到来了。

12月31日，中共中央向国统区各大城市党组织指出：北平学生因美军强奸女生事件，已造成有力的爱国运动，上海、天津亦将响应，望各地响应北平学运，发动游行示威。1947年1月26日，在抗暴斗争结束时，刘晓上报中共中央《学运初步总结》、《学运补充报告》，充分反映上海、南京党组织领导人领导白区斗争经验的成熟。刘晓在两个报告中称：

　　甲，在新高潮前夜最重要工作，就是要及时抓紧当时所发生的许多高潮行将到来的个别象征来进行教育，指出形势的变化与趋向，使全党同志在思想上有所准备，这样才能抓紧每一个时机，推动斗争前进，直到新的高潮。

乙，在高潮前夜群众的生活运动与低潮时的生活运动是不同的，在群众斗争广泛发动起来后，就要巧妙、灵活联系政治斗争，以便把群众提高一步。目前的助学运动，正以推销国货，不用美货的形势下，与抗议美军暴行运动配合进行，成绩很好。

丙，群众在高潮前夜的特点是从极度不满现状开始，都在寻找出路，想改变现状，但斗争决心是不平衡的，正统思想已开始动摇，但还未完全抛弃。我们的任务是领导他们增加斗争勇气，坚定决心，并指出正确出路。

报告中还说，反对美军暴行运动取得的成绩是冲破了环境，恢复了大规模群众运动，提高了群众对美国侵略和国民党卖国行为的认识，在运用合法形式支持群众政治斗争方面取得了经验。

1946 年下半年和 1947 年初的和平民主群众斗争，是南京市委成立伊始，投入大规模斗争前小试锋芒的热身赛。不久后，上海局与南京市委发动"五二〇"学生运动，揭开了解放战争时期城市斗争（公开与秘密相结合）的大幕。

蒋介石在得到美援后夸口要在"六个月内消灭共匪"，不顾广大饱受苦难的人民迫切要求和平生活的愿望，反而为打内战加强对人民的压榨。经济上通货膨胀，100元法币在1937年能买两头牛，到1947年只能买一个煤球了。物价暴涨，民不聊生，甚至生活在首都南京的老百姓也食不果腹。1947年2月发生了抢面、抢米风潮，1947年全国饥民数达到了一亿人。与此同时，官僚们借接收敌伪财产之名，大肆贪污盗窃，鲸吞资产，搜刮人民财富。

1947年2月24日《南京新民报》社论发出"抢救大学教育"的呼吁，内战爆发后，国统区的经济崩溃，物价暴涨，当时南京、上海等地一些大学发生了供食不足、学生饥饿的情况。学生已经开始零星地进行反饥饿、反内战斗争。

1947年4月，刘晓在给中央的报告中指出："抗暴运动以后第二个高潮又将很快到来，5月份可能是这一新高潮的开始，这一高潮要比抗暴有更大社会基础、更广泛，也会更坚强，配合全国军事形势的转变，有一直发展成为高潮的可能……我们在思想上组织上策略上都是为着准备组织与领导这一新的高潮，把蒋管区民主运动向前推进一步。"①

5月初，陈修良接上海来信，又一次要她"回家料理家务"。在巨鹿路景华新村，此时已成为中央上海局秘密联络点的二楼亭子间里，刘晓、刘长胜与沙文汉夫妇秘密讨论中央的指示和城市的形势。刘晓首先转达中央指示："在斗争中要联系到、有时要转移到经济斗争上去，才能动员更广大群众参加，而且易于取得合法形式。有了经济斗争的广大基础，也易于联系反特务反内战的斗争上去。"中央强调"蒋管区民主爱国运动应多从人民为生存而斗争的口号着想，以利群众斗争的发动、深入和继续，一切带全国性的政治斗争，应从参加这一斗争的群众本身的生存问题着想，有计划地转到带地方性的经济斗争中去"。据此，刘晓提出：在京、沪一带先发起一次反饥饿、反内战的活动，由首都先发动，影响大。② 同时，原钱瑛领导的西南和北平的党

---

① 上海分局刘晓给中共中央的报告《群众运动复趋高潮》（1947年4月28日）。

② 刘晓：《1947年"反饥饿、反内战、反迫害"的"五·二〇"运动》，《红浪——"五·二〇"运动在上海》（中共上海党史资料选辑），上海教育出版社，2002，第59—59页。

组织也将在平、津、云、贵等地发动学生予以配合。

陈修良认为："南京学生工作力量较强，可以先发动起来，关键是其他城市要及时响应，党把这一斗争统一领导起来，扩大规模，就可以形成一个很大的群众运动。"

刘晓表示赞同。解放战争史上一场伟大的群众运动，就这样决定发动了。

陈修良回南京后召集市委会议，与市委委员谈话，研究怎样贯彻中央的指示。学委书记王明远回忆，他曾召集学委盛天任、卫永清、沙轶因传达上海局的指示，大家一致赞同立刻行动起来，决定首先从中央大学发难，因为那里有比较强的党员力量和群众基础，尤其是抗战胜利后从重庆回来的新民主主义青年社（简称"新青社"），这是与中共亲密的外围组织，拥有许多有组织运动能力的骨干，其中许多人后来都入了党，成为重要力量。

5月4日，南京中央大学、金陵大学、女子文理学院、剧专、音院等校学生，在共产党员和积极分子的带领下，联合在中央大学举行纪念"五四"28周年晚会，提出反对内战、要求和平，反对饥饿、要求提高副食费标准，要求民主、反对国民党政府非法逮捕等口号。教师们也行动起来，5月6日，中央大学教授会发表《要求提高教育经费改善教员待遇宣言》。

5月10日，南京中央大学学生伙食团宣布，因物价猛涨，副食费不能维持到月底。"学生肚子饿，前线炮弹肥！"指出"二分卅七秒内战费用等于中大全体同学全月膳费"。中央大学学生系科代表大会通过决议，要求国民党政府按物价指数调整副食费，并决定自12日起罢课请愿，发表《反饥饿斗争宣言》，呼吁平津沪杭汉等地学校采取一致行动。13日请愿无结果。国民党行政院副院长王云五和教育部长朱家骅表示财政困难，食堂问题要在行政院讨论，这一回应引起学生的极大不满。中共南京市委认为国民党一定不会同意，于是准备发动大规模游行示威。

5月15日，中央大学等校学生举行反饥饿游行请愿，发起了按实际应有的标准先吃光了再说的"吃光运动"。此举得到大量学生的拥护，并在上海、浙江、苏州等多个省市的学生中引起强烈反响。南京学生组织了向教育部、行政院的请愿游行，提出"向炮口要饭吃"等口号。学生的行动获得社会的广泛同情。群众运动的开展把饥饿与内战联系了起来，使广大群众认清了财政困难的根源在于内战军备和贪污腐败。国民党的经济与政治危机堆起的这堆干柴，终于燃起了熊熊大火。清华大学学生发表《为反饥饿反内战罢课宣言》后，燕京大学十余社团声援清华罢课。

5月18日，清华学生宣传反内战反饥饿遭毒打而罢课并写告老师书，平津各大学罢课组织"五一八血案后援会"等，这些斗争给南京运动的开展以很大鼓舞。当日，南京学生冲破国民政府发布的禁止罢工、罢课、请愿游行及镇压学运的训令、法规和《维持社会秩序临时办法》，继续罢课，上海、杭州、苏州有几万学生代表冲破阻拦来到南京声援。

5月20日，南京、上海、苏州、金华等城市的十六所专科以上学校学生六千余人为抢救教育危机联合向国民政府行政院请愿游行示威，高喊"反饥饿，反内战，反迫害"、"取消《维持社会秩序临时办法》"、"抢救教育危机"、"提高教育经费"、"提高教授待遇"、"我们要求最低营养"、"反对内战"、"我们要以行动争取生存"等口号。

同日，中央大学发出全体学生告全国同胞书："内战的炮声响彻整个中国，我们——中华民国国土上底苦难的人民，继八载的煎熬忍耐之后，又无时无刻不被内战侵蚀着、摧残着、虐杀着，内战把粮食变成大炮，把青年驱上战场，内战使农村破产，内战使工业衰颓，内战使商业凋零，内战使物价飞腾，内战榨取了每个人的血汗，内战带来了离乱、饥荒、贫穷，使中华民族走向灭亡的恶运……这是多么令人寒心、惊心、痛心的事啊！同胞们！亲爱的同胞们！我们是民主中国的主人翁，我们要有正视现实的勇气，我们要过问国事。我们携手吧！我们要活，就应该痛痛快快地一起活，落伍强蛮的武力迷信者要被时代淘汰的，为了生存，为了民族，我们要努力奋斗到底，谁给我们阻碍，我们就要谁灭亡！"① 慷慨激昂，汹涌澎湃。

南京民众同情学生，纷纷前往观看游行队伍。那天，陈修良和王明远也在马路边观看，他们都没想到这次游行规模会这么大，群众情绪竟会这么高涨，运动的高潮会来得这么快。

游行队伍到达南京珠江路口时，遭到国民党军警宪特的严厉镇压，水龙喷射，皮带、鞭子和木棍打将

---

① 油印传单。

过来，同学们唱着《团结就是力量》努力向前，毫不退缩。不幸的是，先有学生四人被毒打倒地，血流满面，立即被逮捕走了。水龙重新喷射，队伍又被第二次冲断。混乱的场面展开了，警察抢着木棍，追逐着冲散的同学，大部分学生都是在这时受伤的。当场一百零四人被打伤，其中重伤十九人，被捕二十八人，造成"五二○"惨案。第二天，报纸以《学生联合游行发生流血事件——凄风苦雨天愁地悲》为标题对事件进行了详细的报道。而同日，平津近两万名学生大游行亦遭迫害，引起各界人士、海外华侨及国际舆论强烈抗议。国民党当局极为被动，而且许多学生是国民党军官的子弟，老子在前线"剿匪"，儿子在后方起义。面对这种情形，蒋介石慌了。茅盾、郭沫若等纷纷写文章赞扬"五二○"精神。远在美国的冯玉祥将军也发表了告全国人民书，反对内战，主张和平。

5月20日发生了流血冲突后，上海局当天晚上指示：对斗争的口号，明确加进"反迫害"，从此，"反饥饿、反内战、反迫害"成为全国学生和社会各界反对蒋家王朝的共同口号，深入人心，极大地动摇了国民党政权的政治基础。上海局在领导这一运动时非常

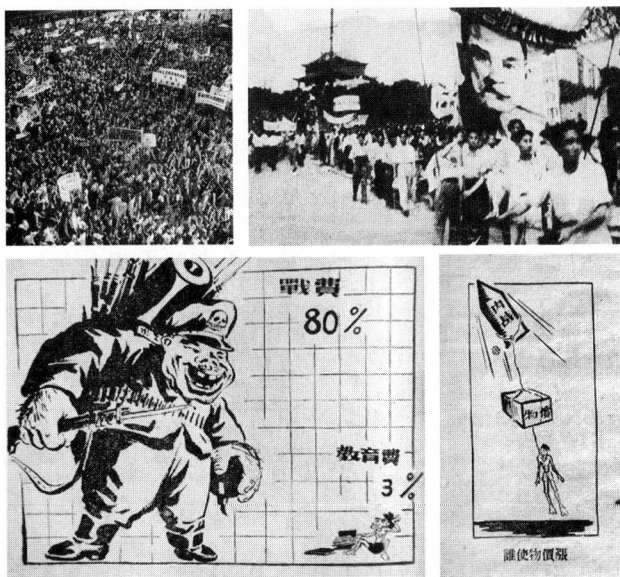

图 3-1　1947 年"五二〇"运动在南京

注意把握斗争的分寸。5 月 24 日，为了巩固成果，争取社会同情，避开敌人攻势，上海局决定主动暂停罢课，采用一面上课，一面弹性地斗争的方式；取消了一些学校准备实行无限期罢课的做法；积极组织营救被捕学生，争取社会舆论同情。通过情报系统掌握到国民党的黑名单，南京市委组织了一批已暴露或引起当局注意的学生积极分子离开南京。

通过"五二〇"运动，中共在南京的处境和活动方式发生了重大转折。陈修良后来回忆"五二〇"运动时说："首先，（通过这次运动）我们完全从被动、挨打的境地中摆脱出来，大大鼓舞了人心，改变了以前主要以狭窄的个别小圈子的联系方式，转变为与广大群众打成一片，使我们团结了无数的进步群众，为发展党的队伍，造成空前的有利条件。其次，我们学会了新的斗争方法，改变了以前简单进行政治斗争的方法，学会把群众的经济斗争与党的政治斗争要求巧妙结合起来，发展了有理、有利、有节的斗争艺术。这是南京党能够领导群众坚持到解放的一个重要手段。通过这次运动，我们展开了其他战线的关系，特别是南京公务员方面，涌进了一些受过'五二〇'运动洗礼的学生，在这个基础上建立起新的据点，为策反、搜集情报提供了有利条件。我们组织了大量的学生进入解放区以及全国各地，他们的斗争精神，远远地扩散到内地去了。由此，我更懂得了首都工作的重要，上海局要求南京先发动学生斗争是很有见地的。直到现在我回忆起这段历史，还觉得很激动，好像回到火热的前线去了。"它反映了中共不失时机，准确地抓住抗战胜利后的民心、国情，在国民党政府统治中心，提出了非常符合民意的口号，首先在青年学生中燃起了反抗的火种，并迅速取得广泛的社会同情，形成以后被毛泽东称为是在蒋管区开辟的"第二条战线"，从而使"蒋介石政府处在人民包围之中"的局面。

"五二〇"运动，对动员广大国统区的群众同情并响应中共主张，取得解放战争最后胜利的政治影响是不可低估的。

（二）有利有节转防守　总结经验更成熟

1947 年 5 月 5 日，中共中央及时发来由周恩来起草的关于在蒋管区的工作方针和斗争策略的指示，指出："在蒋管区统治尚严的地方尤其是蒋管区大城市中的工作方针，就是要保护我党及民主进步力量，以继续加紧开展人民运动，为此目的，既要坚定勇敢，又要机警谨慎。灵活地既结合又分别地进行合法与非法的斗争。将适合群众迫切要求、提高群众斗争情绪的口号，均经过群众面目提出，以发动群众。注意不以党的公开面目与群众组织与民主党派经常来往，尤其要避免书信文件来往，以防牵涉。党的组织要严守隐蔽精干，平行组织，单线领导，不转关系，城乡分开，上下分开，公开与秘密分开等原则。高级领导机关更须十分隐蔽，少开会，少接头，多做局势研究与策略指导的工作。总之，蒋管区城市工作，一切要从长期存在打算，以推动群众斗争和统一战线的发展。"①

中共的城市斗争至此完全摒弃了以前极左盲动的那一套苏式激进的城市起义、工农暴动模式，转以民主、民生、理性诉求为目标，以知识分子为先导的基础广泛的市民群众运动，政治斗争艺术有了很大的提升。

1947年5月20日，刘晓在听取从南京赶回的上海国立大学区委负责人汇报的南京的斗争情况后，即指示上海学委：第一，国民党在南京血腥镇压和迫害学生的罪行，必然会激起全国和上海学生的更大愤慨，必须广泛发动学生群众组织有力的抗议和反击，要号召和组织全国和全市学生总罢课；第二，要向社会各界充分揭露国民党反动派的罪行，广泛争取和发动社会各界以及上层爱国人士，以各种形式支持和声援学生运动；第三，斗争总口号应立即

---

① 《中共中央关于在蒋管区的工作方针和斗争策略的指示》（1947年5月5日）。

加上"反迫害"，使"反饥饿、反内战、反迫害"运动成为全国学生和社会各界反对蒋介石统治集团的统一斗争。

23日，中共中央得知"五二〇"惨案后，复电上海局刘晓，进一步指导斗争策略，指出：刘晓关于群众斗争形势的分析及斗争方针的规定，均甚恰当。望立即坚持此项方针，并灵活地运用斗争策略，有时直进，有时迂回，有时集中，有时分散，公开与秘密、合法与非法，既区别又结合，使一切群众都为着开辟蒋管区的第二战场，把人民的爱国和平民主运动大大地向前推进。……斗争口号的提高，停战条件的改变，要适时但也不要频繁，其作用要在能动员广大群众接受此口号并为此口号奋斗，以达到搞垮蒋介石的目的。……但必须注意，一切斗争不应急于求成，一切斗争不应急于组织统一，而应多求方针与策略一致，以利斗争的持续与组织的保全和发展。①

同日，中央还给上海局发出指示，要求加强在镇压学生运动的急先锋国民党青年军和警宪中的工作："为避免与青年军及宪警士兵造成对立，并争取他们

① 中共中央对于上海局刘晓4月28日电报的复电。

同情学运，以瓦解蒋介石镇压后方的力量起见，你们应通过各种组织、各方积极分子赶紧进行青年军及宪警中的士兵工作……"[1] 上海局给中央的报告中也提出同样意见："全国局势的发展即将进入高潮，八、九月将为这一形势焦点与转变。我们所获得成绩固多，但也暴露了我们工作很多弱点：主要是蒋管区力量发展太不平衡，上层、中间分子与国民党军警中工作特别薄弱，党对这样斗争领导缺乏经验。"提出今后三个月工作要点与策略原则是：政治上打击国民党的威信，造成与群众对立，然后从组织上去分化与争取一部分较好分子；大胆利用国民党，特别是军事机构中的动摇分子；等等。[2]

在指导学生运动时，南京市委注意保护已经暴露的学生党员，及时撤退隐蔽，禁止进行长期的罢课，防止提出过激口号。在陈修良为首的市委领导下，摸索出一套灵活机动的斗争方式。根据"勤学、勤业、勤交朋友"的方针，重点培养一批积极分子，通过他

---

[1] 《中央关于学运中向青年军与宪警进行工作的指示》（1947年5月23日）。

[2] 刘晓、钱瑛给中共中央的请示报告《全国局势发展，我之工作纲要及策略原则》（1947年7月25日）。

们再去教育更多的群众。如在大刚报社工作的党员联合了该报社与和平日报社的一些不满国民党统治的老工人，"用拜兄弟的办法组织了三十六友"；党员陆少华曾联络堂表兄妹等亲友组织了"亲友协进会"；等等。通过各种方式把这些进步群众紧紧团结在周围，这些骨干力量又向一般群众广为宣传。许多群众由此走上了革命道路，有些人后来加入了共产党。

组织读书会是大学党组织最常用的宣传方式。金陵女子大学曾组织进步同学成立读书会，学习和讨论《大众哲学》等进步书籍。在进步的文娱康乐活动中，许多有正义感的同学"接受了进步思想，逐步认清了国民党政府的腐败"，"在思想上更加接近革命"。

发扬陈修良"孤岛"时期斗争传统，基督教的"团契"活动是中学党组织为团结教育中学生而采取的最为普遍的一种方式。在党组织掌握的基督教青年会少年部的掩护下，由各中学党员串联，组织了名目繁多的少年团契，开展进步文娱活动，也举行时政座谈会。据统计，"各校组织的团契有三四十个，参加的同学有六七百人"，并成立了进步组织"团契联合会"。

以经济斗争为主要形式，兼以政治斗争，通过经济斗争达到打击敌人的政治目的，通过合法的群众组织实现党对民众斗争的领导，是南京党组织常用的合法斗争方式。

第一，抓住与群众切身利益有关的问题组织群众进行斗争。抗战胜利后，国民党当局不分青红皂白把沦陷区的工人、学生、职员冠以"伪"字加以歧视。地下党组织首先在南京各界群众中开展了反歧视的斗争。印刷界的党员先后组织领导了民生报社学徒为反解雇、增工资而联合罢工的斗争，以及新民印书馆工人为增加工资而进行的罢工斗争等。

第二，进行合法斗争，利用黄色工会出面同当局交涉。对黄色工会，党组织采取"他干他的，我干我的，一块招牌，两个班子，能利用就利用，不能利用就不利用"的策略，借用它的合法地位在工人中活动。1947年8月，在党的领导下，全市包括中央日报社在内的十三家报社的工人提出了"提高底薪，要求双薪"的口号，掀起工潮。党组织通过"三十六友"到各报社串联，要求黄色工会向资方交涉加薪事宜。打入工会的党员理事和积极分子坚决站在工人一边，迫使工会同意出面与资方谈判，以使斗争按照党的指示进行。8月28日晨，全市除《中央日报》外，其他报纸都未出版，影响极大，胜利实现了联合大罢工。

在著名的两浦工人"七二"大罢工中，党组织也用了同样的办法，让群众推选黄色工会的负责人同路局交涉，不成立公开的罢工领导机关，由群众推选的工人代表出面领导罢工斗争，党员只做隐蔽的组织领导工作，不做群众代表。这种灵活的斗争策略，使得敌人无法判断罢工性质，始终无法下手镇压。大罢工打乱了津浦路浦徐段的铁路运输计划，影响了国民党的军运，造成了巨大的政治影响。

中共十分重视争取工运、职工联谊会、行业协会等群众组织的领导权，并通过这些组织开展了一系列斗争。1948年11月1日，国民政府宣布限价开放，致使物价暴涨，小学教师陷入生存危机，在党组织领导下，由小教协出面派代表到教育局请愿。党组织又通过小教协召开了各校代表会议，决议全市市立小学教师向当局提出五项要求，全市小学教师于5日实行总罢教。私立小学教师也罢教响应，声势浩大，当局震动，最终被迫答应了条件。

学生运动历来都是革命活动的先驱，它对全国人民的革命与解放运动一贯起着先锋与模范作用。南京的职工受"五二〇"的影响，纷纷起来开展要求生存权利，反对内战，要求增加工资的斗争，党的组织也随之扩大。南京党也及时把工作重点转向工人群众中去。1946年永利铔厂只有个别党员，到了1947年上半年建立了支部。两浦工人斗争也很激烈，党的威信大为提高，党员数量增加，市委决定成立工人委员会，共产党"以经济问题为突破口，破坏国民党的军事运输计划，积极地支援了解放军的战斗，保护了工人的切身利益"。①

南京兵工厂工人的罢工运动很普遍，工人们故意制造不合格的枪炮，在前线不能杀伤对方，蒋介石叫苦连天，要严查"捣乱分子"。

每次运动高潮后，国民党政府都要进行反扑，实施大逮捕。8月17日，行政院发布命令，开展所谓特种行事检举，由特务、暗探开列学生、工人的黑名单，并从19日起在报上公布学生黑名单，限令他们向特种刑事法庭"投案"。同时进行大规模逮捕。打入国民政府国防部新闻局的共产党员吕建军，对避免更多学生干部牺牲起了很大作用。他的两个同乡是当时国民党保密局南京站学运组的特务，在"五二〇"运动

---

① 陈修良：《上海局领导下的南京市委工作》，中共上海市委党史资料征集委员会主编《解放战争时期的中共中央上海局》，第201页。

后，向地下党提供了保密局学运组的许多情报，特别是取得了国民党特务机关为了镇压学生运动而召开的各种联席会议的材料，如大逮捕前所拟定的黑名单、各大专院校及某些中学的特务学生和三青团骨干分子的情况。"这些材料都经陈修良转给学委，对防止敌人有计划的破坏，我们及时地将党员和进步分子撤往解放区，保护这部分同志的安全起了很大的作用"。①

8月22日，中共中央城工部给上海局、香港分局发出《关于应付蒋匪大批逮捕各地学生的指示》，南京市委执行"有理、有利、有节"的方针，及时改变组织方式与斗争方式。一面立即停止大规模的罢课示威行动，把斗争矛头集中到群众生活问题上，如开展助学运动，使2000多名学生得到了助学金，团结了大批群众。一面对学委的领导进行调整，使敌人难以摸清原来的领导和组织状况。在得到敌人要加紧镇压的情报及大逮捕名单后，市委立即调整一些已暴露的党员和积极分子工作学习的地址，隐蔽起来，或转移到外地如芜湖、镇江、马鞍山矿厂、徐州等，开辟工作

① 卢伯明：《解放战争时期南京地下市委情报工作》（1985年11月15日），手稿，《沙、陈自存文档》，3-0754。

和重新建党。

"五二〇"运动的成功,为中共中央在全国的城市斗争提供了新的经验,周恩来总结称:"目前斗争是连续不断的,一直发展到高潮。只有斗争形式的改变,而无斗争的停顿。为着既能发展而又能聚集力量,我们的斗争方式是:此起彼伏,不同形态,车轮战式(即学生运动暂时休息,职工斗争又起;职工休息,学生又起),并充分利用矛盾来发展,使每个斗争中,有主流,有细流;既分开,又配合;以经济为主,但又联系政治,使之不断提高。利用每次群众运动,来争取与分化敌之统治力量。"①

相比于其他地方地下党的领导方式和斗争成效,陈修良领导的南京市委秘密工作是相当突出的。例如,1947年12月,上海局因考虑城市的党组织多是单线领导,在解放城市斗争中,可能因某一领导人牺牲,致使其领导的党员失去组织关系,曾在上海、南京等地布置所属各系统编制党员代号名单,以便在日后确认秘密党员的身份。不久,因考虑此项代号名单难以

---

① 《蒋管区群众斗争近况及今后策略问题》(1947年5月31日),《文献和研究》1985年第2期。这是周恩来为中共中央起草的指示,经毛泽东修改过。

保存，万一落入敌手，可能导致组织上的破坏，南京市委立即布置停编，已编好的予以销毁，组织因此没有受到破坏。

但是，他们所担心的问题在上海发生了。上海市委工委委员王中一，没有执行上海局停编、销毁党员代码名单的决定，还在家中保存大批党的文件和总结材料，又违反组织规定与苏浙游击队丁锡山余部发生横向关系，1948年4月遭上海警察局诱捕。警察在王家中抄去各种机密讯息材料和党员与积极分子355人的名单，警察局根据名单突击进行大逮捕，全市有125人被捕，其中党员18名。

又如，1948年中共重庆市工委为了"开展对敌攻心战"，扩大印发秘密刊物《挺进报》，直接寄送给国民党要员，以致重庆市委委员许建业、书记刘国定、副书记冉益智相继被捕。刘、冉先后叛变，供出多个机关、组织和干部。结果被国民党逮捕的党员干部共136人，其中53人被敌人杀害，35人下落不明（大部分牺牲），造成川东、重庆地区党组织的严重破坏，更有城市党员与游击队发生横向联系造成连锁性破坏。这就是《红岩》一书的历史背景。

在全国各地的城市秘密斗争中，陈修良领导的这一届南京市委，活跃地领导着隐蔽战线的斗争，坚持到解放而没有遭破坏，这在中共白区斗争史上是极为少见的。他们天天身处极大危险之中，但并不消极隐蔽，而是同心同德、大智大勇、创造性地进行着斗争，他们的斗争艺术在严酷环境中得到很大的升华，标志着一代革命家的成熟。

四　周恩来运筹帷幄　隐蔽战线大起底

（一）王亚文不负重托　联络敌营将官高

　　1948年9月至1949年1月，经过辽沈、淮海、平津三大战略性战役后，中共的解放军转入攻势，南下渡江成为主要任务。随着战争的推进，城市斗争把收集情报、策反国民党官兵和建立广泛的统一战线作为重要任务，以全面配合解放战争的需要。

　　解放战争以来，情报策反工作在战争中起了极其关键的作用。从近年来媒体不断披露出来的许多史料中，人们得以逐渐拨开迷雾，窥测这条战线的部分实情。

　　早在1924年第一次国共合作时，共产党就开始在国民党内部发展秘密党员。因为当时孙中山看到国民党"正在死亡",希望吸收新鲜血液来挽救国民党,所以他只同意党内合作的方针,即全体共产党员和共青团员加入国民党,并且要共产党帮助创建、充实和巩固国民党的各级组织。同时,由于共产党组织的正义性和救国救民、为共产主义而奋斗的理想吸引了国民党内有正义感和理想的进步人士,所以中共的这项工作得以顺利进行。特别是那些潜伏在国民党党政军机关内部的秘密党员,只有周恩来、董必武等少数人掌握,单线联系,于是他们就长期埋伏下来。

周恩来从黄埔军校起,就与国民党党政军高层的许多人物有着密切的联系,后来又负责国共抗日合作工作,可以说半生与国民党人打交道,因此建立了深厚而广泛的人脉。抗战胜利后,国共进入决战,他教导党内同志:"现在,要多向蒋军官兵,向那些高级将领和带兵的人,说明我们党的政策,指明他们的出路","我们不但在战场上狠狠回击他们,也要从敌人内部去打击顽固派。要争取策动高级将领和大部队起义"。①

---

① 张克侠:《秘密的岗位》,《革命史资料》第3辑,文史资料出版社,1981,第119页。

所以从 1947 年三大战役开始，周恩来就审时度势，先后起用国民党内的秘密战士（三大战役时期主要是军队中的，打过长江以后，同时也启动有条件的城市地下党，如南京），对重大的战役施加影响，促使战局向有利于解放军的方向发展。

为此，遵照中央的指示，1948 年秋，中共中央上海局成立了策反工作委员会，南京市成立了策反工作部和警察工作委员会。他们派出许多特工战士，利用打进去、拉出来的办法，进行极其危险的情报与策反工作。

中共中央上海局方面情报部门负责人最初为上海八路军办事处的刘少文（张明），1948 年秋因处境危险而调离上海，由长期从事情报工作的吴克坚接任。1948 年上海局策反工作委员会成立后，张执一兼书记，王锡珍、李正文、田云樵为委员，不久，张执一离沪，由策反委副书记沙文汉负责。上海局派出史永（即沙文汉的四弟沙文威）负责上海局下属的南京市委策反工作，并由陈修良领导，直接对上海局负责。上海局在这一时期形成夫妻、叔嫂三人一线，共同进行策反工作的局面。

周恩来、董必武不可能经常与第一线的秘密战士直接接触。他们的战略思想和战术决策在每个不同的时期，通过不同的具有秘密工作特殊才能的战士去执行。在解放战争时期，主要人物是王亚文。他是作为上海局策反工作委员会负责人沙文汉掌握的一条重要的关系线出现的。

图 4-1 新中国成立后的王亚文

王亚文是中共秘密战线上又一位传奇式人物。他1910 年 1 月出生于湖南醴陵乡村，1925 年由罗学瓒介绍加入中国共产党，那年他才十五岁。这么年轻的党员，在中共党史上很少见。当年就投笔从戎，考入黄埔军校第四期，参加过著名的对陈炯明军阀的二次东征，并认识了时任北伐军政治部主任的周恩来。1926年冬，他以中国共产主义青年团湖南区委委员身份协助滕代远在醴陵组织苏维埃政府，被选为醴陵南二区南三区苏维埃政府主席。1927年初，他又陪毛泽东赴醴陵考察农民运动。

1939年，王亚文奉中共中央南方局命令到重庆八路军办事处报到，从那时起就在周恩来、董必武、叶剑英的直接领导下做国民党党、政、军上层要员的工作。起初，在这条特殊的战线上，他还不太安心，总想"不如上前线扛枪打日寇来得痛快"。周恩来副主席语重心长地对他说："你这个工作非常艰巨，是提着脑袋走路，一不小心，什么时候掉脑袋都不知道。你是湖南人，现在国民党党、政、军上层要员湖南人居多，你的舅舅又是国民党湘军的重要将领之一，关系容易打开。革命工作不分高低贵贱，只要是为劳苦大众，这共产主义事业，就应努力去做好。我们认为你是最合适的人选……"听了周副主席一番话，他愉快地投入到办事处工作中。

在此期间，王亚文发挥聪明才智和特殊的统战才能，先后做了国民党军政要员蒋百里、国民党军事委员会国际问题研究所所长王芃生、副参谋总长程潜、军令部次长刘为章、国民党海军总司令部参谋长兼海军驻上海办事处主任周应骢等人的大量工作，为日后这些国民党重要将领配合解放军战斗而起义打下了基础。抗战胜利后，蒋介石电邀毛泽东去重庆谈判。在这43天里，他以常人难有的机智和细心，经常到国民党卫戍司令刘戡的家，摸情况，观动态，保卫了毛主席和周恩来等首长的安全和两党谈判的顺利进行。

1947年，董必武写信叫王亚文去上海，着手展开对国民党海陆空军的策反工作。他先后被任命为上海策反工作组组长、上海海陆空起义军政委。他多次拜望了国民党元老何遂。

这个何遂是中共一个难得的肝胆相照的朋友，而且在国民党中是威望很高的元老。他早年就加入同盟会，参加孙中山领导的反清斗争和辛亥革命。1917年，孙中山在广东组织护法军政府，何遂任靖闽军司令。1924年，何遂作为国民军孙岳的参谋长，参与了"北京政变"，囚禁总统曹锟，通电孙中山北上召开国民会议。北伐时期，曾担任黄埔军校的代理校长。

西安事变的和平解决，使何遂看清了真正从民族大义出发，爱国抗日，富有政治远见的是中国共产党，于是开始倒向中共一边。1937年，中共中央代表团到达南京，时任国民政府立法院军事委员会委员长的何遂，结识了周恩来、叶剑英、博古和李克农等中共领导人，与他们结下了深厚的情谊。在此后的国共摩擦中，他总是千方百计地给共产党以重要的帮助。

解放战争时期，何遂受周恩来之托，与上海局领导人刘晓、张执一、刘长胜等经常接触，对共产党的要求总是积极完成。[①] 1949 年 1 月，何遂在南京拜见李宗仁代总统，劝李与共产党和谈息兵，避免生灵涂炭。

这次王亚文受命联络国民党海军起义。何遂就引荐他结识了国民党海军作战处的吴石、原陆军大学教官蒋子英、海军海防第二舰队司令林遵、国民党联勤总部中将巡视员张权、海军军官中秘密党员何友恪（即陈志远）等人，由此着手争取海军实力派人物。他还通过国民党海军总司令桂永清的参谋长周应骢做"重庆号"巡洋舰舰长邓兆祥的工作，布下日后"重庆号"起义的一根导火索。[②]

董必武离开上海前，要王亚文把掌握的国民党上层策反关系转到新建立的上海分局，并约定接头暗号。

① 何迪：《爷爷何遂在我心中》，《百年潮》2010 年第 9 期。
② 王慧、王颐、王鸣、王基：《回忆父亲王亚文》，《沙、陈自存文档》，4-0787。

此时上海分局刚成立（5月正式改为上海局），去接头的人是沙文汉（张登）。

王亚文在回忆中写道："次日果然有人敲门，一位身材高大的人按约定暗号来接头，称自己是渔管处来的，名叫张登，代表新四军对敌作战部长，即城市工作部长，是董老叫我来找你，我代表上海局，代表刘伯承和陈毅同志领导你做对敌斗争工作。"①

接上关系后沙文汉任命王亚文为策反工作组长，负责国民党上层军政人员的工作。为安全起见，王亚文与上海局策反委其他人并不交叉往来。

董必武要王移交给上海局的国民党军政要员的关系非常重要。因为他们每个人各自联系着一批中、高级军事和政务人员，对于大决战中海陆空三军起义、迅速瓦解和摧毁国民党军事力量，起到了无可替代的作用。②

淮海战役开始后不久，为加强南京的策反工作，1948年12月初，中央上海局派沙文汉到南京，传达

---

① 王亚文：《关于重庆号起义的证明》（1984年3月16日），《沙、陈自存文档》，2-2530。

② 王亚文：《关于重庆号起义的证明》（1984年3月16日），《沙、陈自存文档》，2-2530。

形势并决定成立南京市委策反工作部，并调来史永（当时在南京国民党政府的中央研究院从事秘密工作，属于潘汉年情报系统）负责南京策反工作，由陈修良单线领导。市委还选派部分党员干部，利用社会关系，打入国民党机关和部队，开展策反工作。沙文汉还指出以后城市工作的主要任务是：配合解放军占领和接管城市。[①]

（二）韩练成巧遇救蒋　周恩来偶识圭璋

从表面看来，具有先进美式装备的国民党百万军队在短短三年多时间内如此不堪一击，出现被"小米加步枪"的解放军打得兵败如山倒的一片奇景。深究之下，可以看到在军事大溃败的背后，都活跃着中共秘密党员的身影，他们在国民党的重要机密岗位上，进行着无孔不入的情报策反活动。

情报与策反关系密切，但也有些差别。策反工作离不开情报信息，但情报获取后，没有条件的也不一

---

① 参见《〔附〕沙文汉在南京市委的讲话》（1948 年 12 月 7 日），《沙文汉诗文选集》，第 164—166 页。

定都做策反的行动。有的因为战时条件所限，担任国民党高级将领的中共党员或同情者，在获得军事情报后如不能及时发送出去，就随机应变，在实际作战中以故意错误部署兵力、调度、延误时机等方法影响国民党军的战斗。

被蒋纬国称作"隐藏在老总统（蒋介石）身边时间最长、最危险的共谍"的韩练成，是解放军在著名的莱芜战役、孟良崮战役大胜背后的重大功臣。

韩练成 1909 年生于宁夏固原县，1925 年元月，他借了甘肃省立第二中学毕业生韩圭璋的文凭，冒"韩圭璋"之名考入西北陆军第七师军官教导队。毕业后他被编入国民联军第四军，当时是国共合作反帝反北洋军阀时期。军长是马鸿逵，政治处长是共产党人刘志丹。而该部总司令是冯玉祥，总政治部部长是共产党人刘伯坚。两位政工干部都是中共早期的著名人物。韩练成先后任排长、连长，深受二刘教诲。二刘也注意到了这位勇敢机智、观察敏锐但言语不多的小伙子。终于有一天，刘伯坚、

图 4-2　韩练成

刘志丹单独找韩练成谈话，并为韩指定了加入共产党的联系人。①

冯玉祥与汪精卫、蒋介石合流后，开始联蒋"清共"，刘志丹等共产党人被"礼送出境"。韩练成未及加入共产党就和党组织断了联系，但因此为他潜伏下来创造了很好的条件。在随后的新军阀混战中，他屡建战功，升任第五十九团团长，并在1930年蒋冯阎中原大战中，解救了处于危险中的蒋介石。蒋十分高兴，当即下了一道手令："六十四师独立团团长韩圭璋，见危受命，忠勇可嘉，特许军校三期毕业，列入学籍，内部通令知晓。"从此，在蒋介石的亲自关照下，韩一路晋升，1942年已成为第十六集团军参谋长，中将军衔。

但是，九一八事变以后，他看到蒋介石和国民党消极抗日，积极反共，国统区专制腐败，置国难深重于不顾，却为私利而热衷于明争暗斗。中国共产党则充满了朝气，民望所归。

1942年6月，在重庆，经过缜密的考虑，韩练

---

① 1998年10月，习仲勋、马文瑞撰文纪念刘志丹同志95周年诞辰，第一次在党报上公开了韩练成早期接触党组织的情况。

成委托无党派人士周士观通过他的女婿、中共地下党员于伶安排了与周恩来的第一次单独会面。韩练成向周恩来简要介绍了自己的经历，谈了自己对当前军事、政治形势的看法，明确表示要投身革命，要求加入共产党。周恩来则谨慎地表示，目前国共合作，共产党不在国民党内部、国民党军上层发展党员，希望韩在国统区、在蒋桂高层好好工作，为国家、为抗日统一战线做贡献。在谈话就要结束，准备离开时，周恩来突然问："韩参谋长，你是桂系将领，刚才你说在西北军为焕公（冯玉祥）解围，是怎么回事？"韩介绍了他与冯的渊源，周恩来又问："那么，'四一二政变'前后，你也在西北军了？有一位，也姓韩，叫韩圭璋的人，你认识吗？"韩练成惊呆了，半晌才说："我就是韩圭璋。"周恩来也吃了一惊："你就是？"周恩来告诉韩，他是从刘志丹处知道韩圭璋的。[1]

从此，韩练成确定了与党的同志关系，开始了在周恩来直接领导下的秘密工作。韩严格遵照周恩来的指示：从整体战略高度，以人民解放事业的大战略为

---

[1]　丁一：《神秘将军韩练成》，《文史春秋》1997 年第 4 期。

目标，直接参与制定或影响国民党的既定战略；除了周或周本人指定的数人之外，绝不接触党的其他地下组织及党领导下的各种武装力量。

1946 年 10 月上旬，韩练成奉命率整编第四十六师在上海吴淞口登陆，随后被蒋介石召去南京，列席了由蒋主持的有白崇禧、陈诚等人参加的最高级军事会议，了解了蒋全面内战的战略计划，西北、山东两战场的战略部署，以及蒋美之间的关系。会议中，蒋介石突然命令整编第四十六师改向青岛登陆，直接投入内战。此时，韩试图向周恩来做汇报，周通过秘密渠道转告韩："速去上海找董老谈。"韩立即转赴上海，趁白崇禧不在，将董必武接到白崇禧公馆秘密见面。韩把全部情报交董必武速转党中央。董必武说："中央认为，蒋介石全面内战的决心已定，我们为了达到和平建国的目的，必须首先打破蒋介石的全面进攻。因此，恩来让我同你商量：是在战场上相机率部起义，还是长期隐蔽，由你自行决定。"①

于是，两人约定了华东解放军和韩联络的暗号：

---

① 丁一：《神秘将军韩练成》，《文史春秋》1997 年第 4 期。

"洪为济"。1946年底，整编第四十六师到山东不久，华东野战军派遣刚出狱的新四军干部陈子谷持"洪为济"的信来找韩练成，随之又有华东局秘书长魏文伯、华中军区政治部主任舒同来联络，并在韩身边留下了杨斯德、解魁做联络员。此时，韩练成心中的目标已经非常明确：他要充分运用自己的特殊身份，让蒋介石发动的内战彻底失败！

他利用自己作为国民党军的作战部署和军力调度者的身份，从作战计划、安排、情报各方面帮助华东野战军。1947年2月20日开始，解放军仅用三天时间就把盘踞在莱芜的五万多国民党军队歼灭，并活捉第二绥靖区副司令长官李仙洲。时任国民党省主席、第二绥靖区司令的王耀武得知消息后惊呼：五万多人，三天就被消灭！

韩练成在此役结束后，由华东野战军派出的联络员秘密引见华东军区司令员陈毅、政治部主任唐亮，相见甚欢。韩向陈毅提出，自己的身份尚未暴露，他要回南京去，再为共产党和人民做点事。即使身份暴露，牺牲也在所不惜，表示了大义凛然、义无反顾的决心。陈毅经请示周恩来，同意了韩练成的请求，并派人与韩一起仔细地研究各种应对方案。

1947 年 2 月底，韩练成带着联络员张保祥日夜兼程，经青岛、上海回到南京。蒋介石见到韩大喜过望，不仅没有怀疑韩，反而称赞他"一俟跑出，即刻返京，极其忠勇可嘉"。韩练成未受到处分，还被任命为第八绥靖区副司令官兼整编第四十六师师长。之后，他又被任命为国民政府参军处参军，这是韩练成第二次在蒋的身边参与机要。从 4 月起，蒋介石举行军事会议，研究战局，甚至飞赴各个战场，韩练成常在随行之列。送蒋介石看的战报最后要经韩练成过手，蒋介石批出的命令最先经韩练成过目。

5 月 11 日，蒋介石召开了鲁中会战分析会后，知韩练成是陈毅老对手，对陈的战法熟悉，单独听取韩的想法。韩练成说："共军善打运动战，我们在鲁南就是吃了这个亏。我比较倾向以整编第七十四师（师长张灵甫）为中心，吸住共军主力，再发动 10—12 个整编师围歼共军这个方案。以整七十四师固守一地应该没有问题。关键是，一定要保障外围后续部队的强力增援！"听了韩练成的分析，蒋下了决心，决定叫张灵甫择地固守。韩知道张灵甫高傲自大，与友军关系不好，一旦被围必无增援。就这样，蒋最精锐的全部美式装备的七十四师被歼灭。

直到 1948 年 10 月，何应钦确切掌握了韩练成在莱芜战场"通共"的情报，调韩回南京，准备对他下手。韩在友人的帮助和地下党的掩护下，机智地利用国民党上层各派系的矛盾，躲过了特务的追捕，取道香港秘密北上。1948 年 11 月 23 日深夜，韩练成和第二批爱国民主人士一起乘坐挪威籍商船北上解放区。

新中国成立后毛泽东在接见韩练成时说过一句真心话："蒋委员长身边有你们这些人，我这个小小的指挥部不仅指挥解放军，也调动得了国民党的百万大军!"① 坦陈了情报策反工作在战争中的作用。真如一个人下一盘围棋一样，要双方怎么落子，就怎么落子。

接着进行的三大战役历史又进一步表明，蒋介石的失败，与内部派系纷争、在高层将领周围都有中共秘密党员，有着重要关系。例如辽沈战役中，卫立煌以按兵不动办法拖死了几十万精锐部队，他的秘书赵荣声即是秘密党员。桂系白崇禧的秘书谢和赓及作为北平和平解放主角的傅作义将军的机要秘书阎又文等也都是中共秘密党员。阎又文是中共秘密党员，但只

---

① 丁一：《神秘将军韩练成》，《文史春秋》1997 年第 4 期。

有毛泽东、周恩来、罗青长等三五个人知道。他在1949年1月初代表傅作义起草和发布文告，宣布北平和平解放。

在致国民党最大也是最后失败的淮海战役中，国民党国防部的作战厅长是1928年入党的郭汝瑰，他制定了徐蚌会战（淮海战役）的具体作战方案，方案尚未下达前线，就被报告给解放军的指挥部。而在南京黄埔官邸地图室参加研究徐蚌会战的三人密商，与会者是蒋介石、战情参谋长周菊村和时任国防部第一厅厅长的刘斐。这个负责作战计划的刘斐恰恰是中共秘密党员。[①] 如此这般，国民党在这场国共决战的最大战役中哪有不败之理。

据统计，解放战争时期，国民党的海陆空军中师以上重大起义事件多达60余起，15个整师1000多名将领，72艘舰艇，26架飞机，官兵有数十万人起义、投诚或接受和平改编。[②]

这就是周恩来指挥隐蔽战线（又称第二条战线。

---

① 黄清龙：《蒋介石在情报上不是共产党的对手》，《南方周末》2009年5月7日。

② 童小鹏：《风雨四十年》（第一部），中央文献出版社，1994，第553页。

解放战争中的军事进攻称为第一条战线），所取得的辉煌战果。

上海局策反委领导下的南京市委情报与策反部门所进行的情报与策反工作，只是周恩来领导的我党情报与策反工作的一部分，但却是极其重要的一部分，其特点是直接为攻破长江防线和解放南京服务。当时南京市委已有相当多的策反关系。陈修良有一个设想：能不能里应外合，使解放军不流血或少流血地解放南京。办法有几种：一种是策动警卫九十七师起义，占领南京，活捉政府的官员和将领；另一种是努力策动国民党部分江防力量起义，使解放军不必付出很大代价渡江。上海局赞成陈修良的设想。而且在南京的国民党党政军机关中，周恩来布置的几个人物尚未运用。1948 年末到 1949 年春的几个月时间，在南京和上海地区相继发生国民党陆海空三军起义，正是上海局和南京市委联手策划的结果，解放军南下渡江胜利成为解放战争的重大标志性事件。

（三）空军谋炸蒋介石　俞渤起义望入党

国民党空军八大队中尉飞行员俞渤，原名俞北海，抗战期间在桂林李宗仁夫人郭德洁创办的德智中学学习，受到抗战宣传教育的熏陶。其父俞星槎是桂林行营任职的吴石将军的同事、挚友，任行营副参谋长，不幸于飞机失事中遇难。此后受其父及吴石爱国爱民、反内战亲共的影响，走上了革命道路。从美国受训回国不久，看到军队内部大小官员以"抗日功臣"自居，抢占民财，倒卖军用物资，用飞机、军舰走私的腐败行为，又看到国民党同室操戈大打内战，镇压进步人士，经济日趋崩溃，感到报国无门，非常失望。他和战友们在上海接触了地下党员、空军医院上尉军医林城以后深受影响，决意起义。

据林城回忆，中共从1946年起，就在国民党空军里进行秘密活动。6月26日，国民党空军第八大队上尉飞行员刘善本、副驾驶张受益、空勤机械师唐世耀、通信员唐玉文驾驶一架美制B-24轰炸机从成都起飞，飞抵延安，开国民党空军驾机投诚的先例。

当时这种活动是极其危险的。虽然如此，到1948年初，中共已经在空军一些飞行大队里建立和发展了党组织，秘密地进行反战怠工，积极策动起义。林城了解到空军第八大队飞行员俞渤非常反对内战，他的机组内的一些同志也同意起义，于是积极地进行策反工作。①

1948年空军八大队调防，从上海调到了南京大校场机场。上海局立即将这个策反关系交到南京，由史永负责联系。俞渤说："起义是一件冒生命危险的壮举。我希望早些入党；万一牺牲了，还不失为一个光荣的共产党员。"中共南京市委研究并批准了俞渤的要求，他在起义前加入了中共。俞渤于1948年9、10月间，组织和发动了六架 B-24 轰炸机，计划同时起义。但当时解放区只有几个设备简陋的机场，不能容纳多架重型轰炸机的降落，为了安全降落，确保起义成功，需要和中央直接联系，及时布置指定机场。可是这一工作，在蒋管区的斗争条件下是十分困难的。因为上海的秘密电台，有的已经被敌人破坏，有的虽然完好也不能确保迅速有效地和中央联系，起义时间被延误。

机会终于出现。1948年12月16日蒋介石和空军司令周至柔为了笼络人心，激励斗志，拉拢飞行人员，

---

① 林城：《俞渤等同志从南京驾机起义记要》（1981年6月3日），手稿，《沙、陈自存文档》，3-0704。

决定于这一天在南京空军俱乐部举行慰问和嘉奖飞行员大会。陈修良、史永等研究后，认为形势已经极其危急，即通知俞渤等抓紧时机争取起义，能够起义一架就先起义一架，否则等全部飞机一起起义，可能功败垂成；决定俞渤偕同他的可靠的战友周作舟、郝桂桥、陈九英、张祖礼等，于12月16日夜晚南京全体飞行员在空军俱乐部参加盛宴、蒋介石出席颁奖典礼时，驾驶当时被国民党誉为"空中堡垒"的B-24轰炸机起义。他们在所在的南京笕桥机场选择了一架装有五枚每枚重一吨的炸弹的B-24轰炸机，克服重重困难，进行非常规的高地起飞，在南京市上空盘旋。五位起义者商议，是轰炸空军俱乐部炸死蒋介石呢，还是轰炸南京大校场机场，把停在机场上的二三百架飞机炸毁（这些飞机是当时淮海战役中支援国民党军队的）？考虑到当时许多飞行员与蒋介石在一起，这样做会误杀许多无辜的飞行员，而且其中有同样要起义的同志，所以，多数同意轰炸机场。最终定下了轰炸总统府和南京大校场机场的方案。第一次向机场方向飞行时，偏离航线；第二次纠正了航线，先打开炸弹舱门，然后再按飞行速度、高度、风向准确投弹。出人意料的是，当轰炸员周作舟按电钮打开炸弹舱门时，五枚吨级炸弹竟同时弹出飞机，全部落到燕子矶附近。弹落京郊，石头城震动，蒋介石和空军俱乐部的大小官员闻声色变，晚宴不欢而散。轰炸机场的计划失误，而事后分析起失误的原因来，很可能是在机场的地下党员已对飞机投弹系统做了破坏，使其瞄准失灵。

图 4-3
俞渤等人及起义
时驾的飞机

起义后飞机越过长江，向北飞行。陈修良通过上海局电台向中央发出要求，明确降落地点是沈阳或石家庄，联系信号是一块白布。当时苏北一带大雾弥漫，云层很厚，解放区的电台又播出沈阳上空出现空前的大雾，此时北平和天津尚未解放，唯一能够安全降落的就是石家庄机场。到了河北南部以后，云层逐渐消失，飞机终于飞到石家庄上空，跑道良好，可以降落。当他们盘旋机场上空，准备降落的时候，机场四周的高射炮和高射机枪一起开火，炮弹和子弹像礼花一样在B-24的周围爆炸和飞过。

俞渤按组织约好的规定，发出信号，可能由于联系不够迅速和畅通，地面的炮火持续不断向飞机射来。这时已经是午夜。他们满怀对党组织的坚定信念，坚持在石家庄上空盘旋。一小时、两小时过去了，剩下的燃料不足支撑一个小时的飞行了。俞渤他们计划必要时在河北平原迫降。这时候，高射炮和高射机枪停止射击。他们望见了机场跑道两端燃起了篝火，因为是深夜，原定的白布信号看不清楚，所以临时改用篝火。石家庄警备司令部司令员曾涌泉亲自到机场欢迎。俞渤一行驾驶的B-24轰炸机终于安全降落。他们一走出机舱，就被人山人海的欢迎群众高高举起，抬到招待所。这是第一架美式配备的国民党飞机飞往解放区，全国震动，对于动摇敌人的军心起了巨大作用。

继俞渤之后，到1949年新中国成立前，空军方面八大队、四大队、十大队、空军军官学校及民航局等相继又有 B-24 轰炸机、C-46 和 C-47 运输机及民航机起义。此后在上海局和南京等城市市委秘密组织策动下，至渡江战役前夕，4 个月时间，共有 20 架飞机 52 人从南京、上海、杭州、青岛、武汉、台湾等地起义，加入人民解放军的行列。

这个形势，甚至引发了多米诺骨牌效应，连南京机场的塔台也进行了起义。4 月 22 日，南京东西两侧已处于解放军夹击之中，在市委策反部史永领导下，南京大校场机场负责通信联络的 431 电台和指挥飞机起降的塔台全体人员，在电台台长、中共地下党员罗贤朴及战友张荣甫、李基厚的带领下起义，中断了通信联络，关闭了空中大门，切断了敌人空中逃跑的道路，并配合解放军保护了三架飞机和万余桶汽油及其他物资。

（四）王牌巡洋舰威风　六条线策反成功

"重庆号"巡洋舰是英国政府"赔偿"给中国政府的一艘轻巡洋舰，用以抵偿第二次世界大战期间港英当局曾没收并转用欧洲战场的轮船招商局在港局订制的六艘港湾巡艇。该舰无论是在舰体规模上还是在武器装备上，都是当时国民党海军中最强的主力战舰。它在英国时也是战绩辉煌的荣誉军舰，第二次世界大战中曾在大西洋、地中海参加过多次海战，击沉、重创敌舰多艘，并参加过登陆西西里岛和攻取土伦的战役。舰上编制有轮机、通信、鱼雷、枪炮、舰首、舰尾、混合、修舰、军需、后勤10个中队，官兵近600名。

重庆舰上不仅集中了一批经验丰富、技术优良的海军军官，士兵的文化程度也较高，大都是1943年至1946年国民党军事委员会公开招考录取并派赴英国接舰受训的学兵，基本是高中毕业生，还有一部分大学毕业生。到英国后，他们分别在英皇家海军各专科学校和"荣誉号"军舰上学习和受训。1948年10月，接回不到两个月的重庆舰即奉命开赴天津塘沽港，蒋介石在海军总司令桂永清等军事要员的陪同下从塘沽登舰，转驶东北葫芦岛。到葫芦岛后，蒋介石在舰上召开东北战区国民党军高级将领军事会议，企图挽回辽沈战役败局。桂永清亲自督阵，用舰上的重炮猛烈轰击塔山至高桥一线的解放军阵地。许多进步官兵都不忍开炮，甚至暗暗流泪。舰长邓兆祥对桂永清也十分不满。同年11月，重庆舰从东北撤回上海江南造船厂修理。

由于不得人心的内战完全违背了舰上大多数官兵当年为了抗日和建设中国强大海军而投笔从戎的初衷，同时也与全国人民和广大海外爱国侨胞的愿望背道而驰，因此不少人纷纷从内战中觉醒，反战情绪日益高涨。加上重庆舰到东北期间，物价飞涨，士兵回到上海补发的粮饷，一个月津贴只够上街吃一碗阳春面；还有不少士兵在国外积蓄的外币回国后被迫换成金圆券，由于金圆券严重贬值，原够买一块欧米茄名表的钱，连一条不锈钢表带也买不了。于是，舰上不少军官另找门路调动工作，大批士兵纷纷逃亡或另谋出路。从葫芦岛返沪后，舰上陆续开小差的士兵竟达 200 人之多，约占全舰人数的三分之一。国民党海军当局不得不调入海军军士学校毕业的新兵和招聘江南造船所的技工，以补充船员的严重缺额。

　　重庆舰守在长江口，对解放军渡江南下是一大障碍。上海局决定多方设法，进行策反工作。那时由沙文汉领导的上海局策反工作委员会和陈修良领导的南京市委都在寻找可靠关系，共同行动。在解放战争三大战役胜利或即将胜利形势的影响下，重庆舰上的进步官兵和潜伏的中共党员先后于 1948 年底和 1949 年

图 4-4 "重庆号" 巡洋舰

初开始了秘密串联，酝酿起义。事后得知，至少有六
条线在舰上策动起义，起义工作也已经做到舰长邓兆
祥身上。

沙文汉对王亚文说："林遵、周应骢、邓兆祥等
在海军是实力派，与我们有联系，这些人爱国主义思
想浓，民族观念深，与董必武、周恩来同志交谊都好。
董老与周恩来对海军策反工作做了多年，他们要把海
军关系交给你，这项工作只能成功，不能失败。"①

王亚文先用张华志的化名到南京先联系上何遂，

① 王亚文：《关于重庆号起义的证明》（1984 年 3 月 16 日），《沙、陈
自存文档》，2-2530。

167

图 4-5 "重庆号"
舰长邓兆祥

何遂是蒋介石尊敬的人，社会地位高。由何介绍，王亚文又认识了吴石。王亚文知道，吴石常往来宁沪，不时提供国民党军队调动及其他各种重要情报。何遂供给的情报也很多。他们与海军有密切的关系，与海军总司令部参谋长周应璁、"重庆号"舰长邓兆祥、海防第二舰队队长林遵等都有关系。国民党江宁要塞司令胡雄也是吴石邻居、挚友。①

周应璁是海军老前辈萨镇冰的表侄，曾留学英国，当时他任国民党海军总司令部参谋长，兼任上海海军办事处主任，指挥着八艘主力舰，海军总司令部下辖几个署（局）都归他管。由于他深孚众望，国民党全部海军机要都在他的控制范围内。在"重庆号"回国前，董必武就对周应璁进行过策反工作。中共代表团从南京撤退时，董必武通过王亚文把这条策反关系交

---

① 吴韶成：《五十年代在台湾殉难的吴石将军》，《百年潮》2011年第3期。吴韶成是吴石的儿子。

给了上海局的沙文汉。沙文汉代表党委任周应聰为海军起义总司令，并委任王亚文为政委。吴石通过何遂对邓兆祥进行工作时，邓曾说过："现在形势吃紧，有人向我说国民党坏透了，早点投共，他能有办法与共产党取得联系吗？我只怕碰上特务分子，丢了命而事又不成；有的人年纪轻轻的，也叫我学武昌起义，究竟共产党在何方？"

图 4-6 吴石将军

于是，沙文汉要王亚文对周应聰说，要加紧做邓兆祥的工作。周应聰多次与邓兆祥说："要紧紧掌握情况，掌握可靠干部，特别是近身的干部，连一个士兵都要注意，时机成熟时，军舰立即开赴解放区。"[①]

当时处在绝对秘密情况下，"重庆号"上有多条线在酝酿着起义。

---

① 王亚文：《关于重庆号起义的证明》（1984 年 3 月 16 日），《沙、陈自存文档》，2-2530。

如王亚文前述，党中央对国民党海军上层军官的策反工作从抗战后就开始了，这是最基本的背景。军舰上士兵起义的活动实际上受到了舰长邓兆祥保护。因此，董必武—沙文汉—王亚文—周应骢—邓兆祥，这是"重庆号"起义背后的第一条线。

上海局另一条线是通过中共在国民党海军总司令部的总支书记何友恪（陈志远）进行策反活动，何友恪先后策反了少校航海官陈宗孟、少尉雷达官张敬荣。陈、张二人在军官中又策动中校陈景文、少校刘渊、少校鱼雷官周方先等酝酿起义。除了策反海军起义，何友恪还到国民党海防第二舰队向司令林遵下达中央命令，起过很大作用。[①]

另外，上海局策反委接受南京市委陈修良、史永转来的王淇的策反关系。王淇是随"重庆号"从英国回来的军官，当时正在"伏波号"上任中尉雷达官。他的弟弟王毅刚是金陵大学学生、中共党员。1948年冬，他在家听到王淇和"重庆号"的老朋友、少尉轮机官蒋树德谈论"重庆号"自东北归来后，舰上士兵

---

① 王亚文：《向国民党军队进行策反工作的回忆》，《上海民兵斗争史资料》第10期，1980年6月。

和下层军官思想变化、酝酿起义的情况，商量怎样寻找共产党的关系，搞武装起义。王毅刚通过南京市委的学生工作委员会将此线索报告给市委，于是陈修良派史永与王淇接上了关系。当"重庆号"开往上海吴淞口后，陈修良及时将这一策反关系转到上海，上海局派王锡珍（即陈约珥）直接联系，林城协助。王淇联系的起义起先由雷达少尉莫香传、枪炮少尉曾祥福负责。不过因两人在"重庆号"起义前比较活跃，被当局调离"重庆号"。但他们未去报到，仍在岸上同王淇一起在上海局策反工作委员会领导下策划"重庆号"的起义工作。莫香传后因被叛徒出卖不幸牺牲。舰上工作由海军少尉蒋树德和王继挺领导，发展志愿参加起义的官兵有杨继和、李明阳、卢贤举、吴楚波、朱屏藩、刘耀俊、方昆山、宋刚等21人。这条线由上海局策反委王锡珍直接联系。

上海大场区委党员赵迈、黄炎，通过同学同乡关系，也对"重庆号"的武定国等人进行着策反工作。

同时，"重庆号"上的士兵以王颐桢、武定国为首又发展了李铁羽、张启钰、毕重远、赵嘉堂、陈鸿源、洪进先等27人，组织了"士兵解放委员会"，也在酝酿起义。

另外，张启钰原是中共南方局系统的党员。1942年奉上级指示紧急转移，与上级组织失去联系，后考入国民党海军留英训练班。回国后，张启钰本着党员立场在"重庆号"上参与了起义工作。他同蒋树德、王继挺有联系，在起义队伍中有一定威信，是发动"重庆号"起义的骨干之一。

上海江南造船厂党委还在1948年派党员张兴昌打入"重庆号"锅炉房当技工，他的任务是有条件时暴动或炸沉军舰。

除了中共外，上海民主同盟成员军需官林绍禹也参与了起义，他向武定国提供"重庆号"将驰往江阴的重要情报，但他本人因没有赶上起义时间而牺牲。由此可知，当时"重庆号"上有多条线索在伺机起义，但直到起义前这些组织与个人之间都不相互联系。

南京市委接到王毅刚的报告后，陈修良即派负责策反的史永与王淇接上关系。两天后，王毅刚告诉哥哥王淇："今晚有人来，你等在家里，哪儿也不要去！"夜幕降临，兄弟俩在大门外见一个穿深色长袍的中年人向他们走来，双方紧紧握手。他与王淇一直向金陵大学的桑园走去。那里僻静无人便于谈话，王毅刚在附近望风。王淇把蒋树德反映的舰上情况做了简短汇报，史永关切地问了许多问题，问到他们在英国学习海军专业知识的情况时鼓励说："打倒蒋介石，建设新中国，还需要你们这些年轻人哩!"他又关心地问了王淇的个人情况，要他尽快动身到上海和舰上同志密切联系，组织起义，叮嘱他"必须秘密出发，不要惊动任何人"。过了两天他又给王淇二十块银元做旅费和零用。新中国成立后，王淇才知道他就是南京市委的史永。

由于起义一事关系重大，陈修良必须亲自与王淇谈一谈。王淇后来回忆：

春节（1949年）过后没有几天，我赶到上海……按照史永同志在南京约好的时间地址，到福熙路模范村我的堂姊王洁家里等候。这次来找我的仍是陈修良同志，她关切地询问我在上海的生活和居住情况，叮嘱我要注意秘密工作的特点，不得对任何人泄露南京有人来，必须严格遵守约会时间，每次会面约定下次会面的时间地点，如按约定时间不见人来，就应迅速离开，不可耽搁停留。……陈修良同志布置了工作，除要我们继续以士兵和下级官员为团结对象，建立起义小组，在各要害部门培养骨干，创造武装起义的有利条件外，还应重视争取有威信的高级军官参加起义，并不断提醒我们在尖锐复杂的斗争环境中，要时刻保持清醒头脑，提高警惕，力戒骄傲。①

陈修良在回忆她与王淇的两次会面时说："有一次曾去公园（可能是现在的复兴公园），王要求我们派人到重庆号舰上和准备起义的人员见面，我未同意。他又提出要我们出资租一间房屋，作为与舰上人员来往之所，我也未同意。我认为集中在一起接头，来来往往会引起敌人注意，有被一网打尽的危险，只能个别联络，不能彼此打通关系。"陈修良告诉王淇："准备起义，还要做好上层军官的工作，尽量多争取一些人，特别是舰长。王淇又向我们提出要买枪枝，我表示不能同意，因为舰上有的是武器，拿过来就是。经过反复解释和说服，他们终于接受了我的建议，而且按照计划到舰上布置起义工作。"这些事情表现出南京市委秘密工作的老练和慎重。至于给予经济支持的

① 王淇：《党给我们指明出路》，王颐桢主编《重庆舰起义：永不磨灭的历史记忆》，青岛出版社，2012，第202—203页。

问题，陈修良称：后来外面传说，共产党用黄金、美钞收买"重庆号"，纯属谣言诬蔑，当时王锡珍给王淇的生活费很少，仅够维持生活。

陈修良和史永考虑到军舰在上海，于是她向上海局负责人刘长胜和沙文汉做了汇报，并提出自己的意见：把王淇等人的策反关系交上海局统一领导，遇有情况变化，处理可不失时机；此外，"重庆号"的活动需要一点经费，如交际费用、少数人的生活费用以及必须时隐蔽转移费用等等，应视具体要求决定，都出上海局处理为宜。上海局同意了她的意见。[①]

在公园见面那次，王淇还把莫香传起草的一个计划，送请党审查。陈修良基本上同意他们拟订的计划，说如有突然变化，舰上同志可以根据具体情况当机立断，提前起义。并且要王淇转告：起义胜利后，党中央、毛主席会很快得到消息，北方沿海解放区港口会马上得到通知做好欢迎准备。并告诉他党已决定由上海派人联络"重庆号"起义官兵，约定了新的同志联络，来人就是王锡珍（化名陈约珥）。

---

① 陈修良：《党怎样领导重庆号起义的》，《文史资料选辑》1980年第2辑（总第30辑），上海人民出版社，1980，第32页。

起义时机来得很快，2月17日，重庆舰奉命从高昌庙开到吴淞口，突然抛锚停了下来。当时舰上已补足了弹药、用水和燃料。23日，副舰长牟秉剑去了南京。海军部此时派来两名长江引水员上舰，准备好长江的江图。林绍禹负责接待，林从他们的谈话中得知重庆舰将开赴江阴，以防人民解放军渡江，林立即将这个情况告知了武定国。与此同时，大家听到舰上有士兵在传说"有人要将军舰开到解放区去"，说明起义的风声可能已经泄漏。起初，两支由士兵和下级军官组成的起义队伍协商后拟定在25日起义。之后，王继挺提出要王颐桢他们改定2月26日夜发动起义，王颐桢同意了。之所以将起义时间推迟一天，是因为王继挺要从吴淞口上岸向上海地下党报告。但这时"士兵解放委员会"认为情况紧急，不能等到26日，推迟时间可能出问题，因为舰上有副舰长牟秉剑为首的特务监视，而牟秉剑在23日早晨去了南京。大家猜想此去可能要取代邓兆祥，也可能对官兵酝酿起义的情况有所察觉，将采取防范措施，情况十分紧急。于是"士兵解放委员会"决定立即在281雷达室召开紧急会议，确定将原定航行中起义的计划改为锚泊状态起义，于2月25日1时30分发动。

起义当天，官兵们切断了电话电源和无线电天线及备用电源，控制了总办公室，并关闭了下属60多部电台和7个无线电办公室。等到解委会拘禁了包括邓兆祥舰长在内的所有在舰军官、上士及夺取了枪支以后，王颐桢才通知与上海局有联系的王淇那条线的负责人王继挺。王继挺本着实现起义共同对敌的目的，无条件地接受起义行动，提出将被禁闭的少尉军官蒋树德等释放出来，并通知他们领导士兵采取一致行动，一起参加警戒、起锚、值更、航务等工作。王继挺向舰长邓兆祥说明起义是得到党的支持的。邓舰长原来对起义就有思想准备，在询问了轮机情况后毅然参加起义，下令开航。

2月26日晨7时许，重庆舰顺利驶抵山东解放区烟台港。

此时国民党海军还没弄清情况。海军总司令桂永清得知后十分惊慌，已"引退"在奉化的蒋介石接到报告后，立即命令桂永清偕空军总司令周至柔来见。蒋介石做出三项指示：（1）责成周至柔派空军炸毁"重庆号"军舰；（2）所有在北方海上的国民党军舰南撤，免遭"重庆号"军舰袭击；（3）内部加强"防变"措施。

随后国民党空军派飞机探知"重庆号"停泊在葫芦岛，便对"重庆号"进行轮番轰炸。3月19日国民党 B-29 轰炸机的一颗重磅炸弹炸中了军舰右舷侧部，造成多人伤亡。为避免再遭轰炸，"重庆号"巡洋舰于 3 月 20 日夜间放水自沉。24 日，毛泽东主席和朱德总司令复电邓兆祥舰长暨全体官兵予以嘉奖。

重庆舰起义是一起震惊中外的事件，不仅沉重地打击了国民党海军，而且极大地鼓舞了日后的国民党海陆空三军大起义。

为防止效仿起义，国民党政府向英国租借的"灵甫号"军舰被调往南方，准备赴台湾。但舰上七十多名官兵到香港后离舰北上，直抵天津解放区。英国政府非常吃惊，宣布提前收回这艘军舰。

当时策动的海军起义中，也有不成功的。如"信阳号"军舰的起义。"信阳号"军舰的通信官罗键，是南京工委系统的地下党员林志庭在 1948 年下半年发展的党员，工委派纪浩同罗键单线联系。

纪浩指示罗键在舰上广交朋友，物色积极分子，准备起义。该舰经常出海，大概一个月或者两个月回南京一次，纪浩只能在他回南京时才能联系，所以联系次数不多。但罗键在舰上工作很积极，联系了一批积极分子。新中国成立前夕该舰开到上海，罗键动员一批积极分子下舰不干了。该舰由于人手不齐，只好停在上海。

"信阳号"军舰起义没有成功,一是时间短,主观力量薄弱,只有一个党员;二是新中国成立前夕敌人派一艘军舰与"信阳号"一起活动,实为监视。[①]

(五) 问电台呼号泄密　御林军提前行动

陆军方面,南京市委策动了南京警卫师王晏清师长的起义。

警卫南京的国民党四十五军九十七师,被称为蒋介石的"御林军"。所以师长一职的选择十分慎重,而王晏清是黄埔军校出身,在当时国民党高级军官中,是少有的正派人物,不嫖、不赌、烟酒不沾,因此蒋经国看中了他。抗日战争末期蒋经国创建青年军时,王晏清一直在蒋的嫡系部队十八军工作,当过三年多副师长(有两年多是整编师师长),在副师长职中是比较资深的。在组建首都警卫部队时,蒋经国推荐他为师长人选。1948年8月,蒋介石亲自任命王晏清为第九十七师师长。王到职后,"第45军军长赵霞私下

———————

① 纪浩:《关于信阳号军舰起义工作的简况》,手稿,《沙、陈自存文档》,3-0505。

告诉我：97 师师长一职，国防部一厅签呈了好几个人，总统都没有批，单单选中了你，这可不容易啊！只要你好好干，不愁没有前程。他讲这话的目的，当然也是要我替国民党尽忠，死心塌地跟蒋介石走。"①

图 4-7
王晏清与蒋介石合影

该师由三个团组成：二八九团，前身是军委会警卫团，直接担任蒋介石的警卫工作；二九〇团，前身是副总统陈诚任第六战区司令长官和军政部部长时的

① 王晏清：《第九十七师起义的回忆》，中国人民解放军历史资料丛书编审委员会编《解放战争时期国民党军起义投诚（沪苏皖浙赣闽地区）》，解放军出版社，1995，第576页。

警卫团，直接负责陈诚的警卫工作；二九一团，前身是顾祝同的第三战区司令长官部的警卫团，后来顾祝同任陆军总司令，又改为陆军总司令警卫团，直接担任顾祝同的警卫工作。三个团编在一起，组成首都警卫团，负责总统官邸高级官员住宅和重要仓库的警卫工作。1946年全面内战爆发后，兵员紧缺，首都南京防务捉襟见肘，遂把这支"御林军"改编为野战军，与一〇二师合编为第四十五军，负责南京近郊的警备任务，归首都卫戍总司令张耀明指挥。

王晏清对蒋氏父子有感恩思报情怀。但他又讨厌连年内战搞得民不聊生，内心矛盾重重。

王师长有一位舅父邓昊明，曾任国民党安徽省政府专员，早年参加过五四运动和朱德领导的湘南起义，1947年曾秘密串联了上层社会的一部分力量，组成"孙文主义革命同盟"，自任军事部长，进行反蒋活动。

1948年，中共南京地下党了解到邓昊明是一位思想进步的民主人士，并且与王晏清有亲戚关系，他的进步思想对王晏清有着深刻的影响，就决定从邓着手做王的工作。当时邓住在南京佐营一号的另一位进步人士李协昆家，两人多次把王晏清请来，做劝说工作，指出当今潮流是向着民主发展，反对蒋介石独裁专政，力劝王晏清率兵起义。但王晏清仍犹豫不决，他说：
"我可以背叛国民党，但不能背叛蒋介石，他是我的
老师，是个好人，下面用的是坏人，他是被欺骗，被
包围的，我若领兵起义，别人会骂我忘恩负义。"邓
与李反复说明："顺乎潮流的起义是大节，忠于个人
是小节。"王晏清经过反复的思想斗争后，遂决心起
义。邓把这个情况报告了地下党。

于是，中共南京市委陈修良、史永派出在大刚报
社工作的地下党员李益之（化名陆平）同邓昊明、李
协昆联络，做王晏清的策反工作。

1948年9月间，王到佐营一号，见到邓舅和李协
昆后，还见到一位年轻的同乡人，即李益之。接谈后，
王晏清认为此人可能与共产党有关系，要邓舅做进一
步的了解。然后邓昊明去拜访了陆平。市委决定可以
向王晏清公开李益之的身份。一天，邓告诉王晏清：
"陆平真的是个共产党！他说，你一个人投向解放区，
他们也欢迎，但是他们需要你发挥更大的作用，为人
民作出更大的贡献，意思是率军起义。"

王晏清痛快地接受了任务。不久，市委又派史永
秘密会见了王晏清，对他决心起义表示热烈欢迎，并
郑重地说："你准备起义的事，我们已向中共中央汇

报，中共中央对此很重视。"

据李益之（陆平）回忆："中共南京党组织负责人之一史永告诉我，97师起义的事已与第三野战军接好头，王晏清在我军渡江前如何动作，将直接听三野的指挥。我们原来商量好的那套行动计划，视开始行动时的实际情况灵活把握，主要服从渡江战役这个大行动的需要。谈完以后，史永将三野司令部与97师联系的方法给了我，叫我立即告诉王晏清，以便尽快告三野司令部。史永还要我作好直接打进97师师部的准备。"①

1949年3月中旬的一天，王晏清忽然接到邓昊明的通知，要他到家吃饭，他立即驱车前往。陆平告诉他："你以后的行动直接归陈毅司令员指挥。"并问他唐诗里面哪首最熟。王晏清不假思索地说："葡萄美酒夜光杯。""好，那就用这首诗作密码。"陆平说，由他去转告三野。

王晏清与陆平、邓昊明、李协昆一起商谈了起义计划，提出几点办法：（1）把部队驻扎在靠近解放军渡江的地区，通知他解放军何时渡江，他即让出军队，

---

① 陆平：《策动王晏清起义点滴》，《解放战争时期国民党军起义投诚（沪苏皖浙赣闽地区）》，第592页。

任其过江；（2）派一个团先行占领下关，阻击国民党的28师撤回江南；（3）派一个团在解放军渡江之前先行占领南京重要的军政机关如总统府、兵工署、后勤部、行政院等，活捉战犯，南京可不战而得。

王晏清回师部后想起陆平还未告诉他三野的电台呼号，决定打电话给邓昊明，要他去要呼号。那天晚间，正好陆平也在邓的家中，听到此事，吃了一惊。根据秘密工作的经验，陆平估计一定会有人窃听电话，王晏清和邓昊明有很大危险。南京市委得知后，果断要求他们立即撤离南京，同时向上海局联系报告此事。陆平和邓昊明夫妇急忙到了上海，在上海局沙文汉的安排下，由策反工作委员会的王亚文到陈修良母亲陈馥那里，取出银元一百元做旅费和生活费用，迅速转道去了香港隐蔽起来。在王晏清起义后，王亚文又通过陈修良母亲再出一百银元，由上海策反委的王锡珍派人送到南京，给当时被监视的王晏清夫人，支付其生活费用。①

事态发展果然不出所料，王晏清的电话被窃听了，

---

① 王亚文：《向国民党军队进行策反工作的回忆》，《上海民兵斗争史资料》第10期，1980年6月。

南京卫戍总司令张耀明以请王晏清吃饭为名将他软禁起来，要他交代。后来幸由与王师长交好的副总司令覃异之将他放走。

3月24日晚上8时30分，王晏清匆匆回到江宁的师部，被迫提前起义，他从南京近郊江宁镇、板桥镇一带突破国民党海军的封锁线，渡过长江，奔向江北桥林镇，宣布起义，参加人民解放军。

他原计划率领两个团过江，约计4000多人。但另一个团在城南，王晏清打电话去，要他们一同过江时，不巧团长不在，这个团不能行动，来不及起义。而且王的起义军在途中遭到蒋介石派兵追击，士兵逃散甚多，最后只有一百多人到达江北三野军部。起义虽没有按计划进行，但政治影响极大。

由于事起突然，起义军渡江后，四十五军军部才报告南京卫戍总司令部。张耀明得知九十七师起义，连夜报告了自1月份以来"引退"在浙江溪口的蒋介石和上海京沪杭警备总司令汤恩伯。

蒋介石旋即下令悬赏大洋五万元，要把王晏清追回法办。3月24日深夜，首都卫戍总司令部如临大敌，南京全市戒严。3月25日清晨，辎汽兵团团长段宏靖奉汤恩伯的紧急命令，纠集了700辆军用卡车，接运大部队，向中华门外疾驶而去。为了给兵车开绿灯，城南一带的民用车辆一律停驶。闹了整整一天，九十七师防区才重新部署完毕。当时南京军方惶恐万状，人心惶惶，谣言四起，一片混乱。

4月初出刊的南京《新闻天地》，以《江宁镇兵变》为题，对九十七师起义做了耸人听闻的详细报道，并将此事与不久前发生的"重庆号"军舰起义相比。①

3月24日王晏清起义当天，已经到上海的李协昆得知王晏清起义消息后，立即把邓昊明和从南京逃到上海的邓的女儿及王晏清的大女儿都转移地方，隐藏起来。几天后，当王晏清起义部队到达杭州时，见到报纸上公布邓策划九十七师起义"罪状"并予以通缉。于是邓与夫人李君书商量后决定，邓与李益之及两个成年孩子，仍往香港，李君书带三个小孩子回到上海，继续做策反工作。李君书回到上海后，一面在李协昆的掩护下，东躲西藏，摆脱被特务追捕的危险；一面与王亚文联系，得知原先做过一些工作的国民党

① 王晏清：《第九十七师起义的回忆》，《解放战争时期国民党军起义投诚（沪苏皖浙赣闽地区）》，第576—590页。

八十七军军长段云已到浙江宁波。王即安排李协昆照顾两个孩子，李君书化装潜入宁波，策划段云起义，争取就近活捉蒋介石，尽快结束内战。但后来局势变化太快，计划没有实现。①

以上三大起义，都因在南京和上海党组织与中央的通信联系上出了些差错而出现险情（俞渤飞机在石家庄上空遭到地面枪炮射击，王晏清要电台呼号而泄密）。陈修良解释说："1948 年，刘长胜要求我在南京设立一个与党中央通电报的秘密电台，这个任务也由史永、鲍浙潮和我三个人去完成的。1948 年，上海有两部电台被敌人破坏，李白（电影《永不消逝的电波》中的主角）、张困斋两位烈士英勇牺牲，只留下了潘汉年手中的一部电台，电报太多，非常危险，所以南京必须设立新的电台。南京作为国民党的首都，形势十分复杂，特务多如牛毛，有雷达随时随地在侦察我们的电台，我考虑再三，觉得不能租房子来独立设台，只有把电台设在敌人的机关内部，才可能免除危险。后来，就将电台设

---

① 《邓昊明给王亚文的信（要求给李协昆平反）》（1979 年 11 月 28 日），《沙、陈自存文档》，4-0783。

在国民党的一个军事机关内，报务员当然是自己人，这样就不怕敌人的侦察了。译电员由上海局派去，是两位女同志，一位叫庄沛霖，另一位叫丁宁，均是南京人，她们两人藏匿在玄武湖一个有军职作掩护的党员（卢则文）家中。一切就绪后，发现与中央电台的呼号不对头，电文无法发出。我只得挤上去上海的京沪列车，到上海去找潘汉年电台的负责人刘人寿，要求他们为我发报，请中央再约新呼号，但是新呼号由于各种原因一直没有到我们手中。1949年初，军事上的变化非常大，一些南京起义部队的事都要与中央接上关系，无奈因为电台问题，不能及时进行。"① 如以下将要说到的贾亦斌预干部队和田家畯伞兵三团的起义。

（六）段氏双雄助我党　贾亦斌割袍起义

在解放军渡江前后决战中，最大的策反英雄是段伯宇及其弟弟段仲宇，人称"谍海双雄"。特别是段伯宇，一人策反多处多兵种起义，在京、沪、杭国民

① 《华德电料行与南京地下市委的关系》，《陈修良文集》，第217页。

党最后的"铁三角"防线上到处开花，加速了蒋家王朝的灭亡。

图4-8
段氏兄弟

段伯宇，1904年出生于河北省蠡县的一个军人世家。其父段云峰早年追随孙中山，是同盟会成员，在保定陆军速成学堂时与蒋介石是同学。少年时期的段伯宇受其父亲影响，思想激进，1919年在天津读中学时参加了五四运动。1923年，他考入保定的河北大学学医。其间，他广泛阅读了《共产党宣言》、《国家与革命》等马列主义书籍。毕业后经父亲的一个老朋友介绍，到国民党三十二军干训团当了一名军医。抗战爆发以后，他曾到太行山寻找八路军未果，后随国民党三十二军南下。1938 年春，他只身奔赴延安，参加抗大第四期学习，毕业时曾提出加入共产党。队长要求他毕业后回到原部队。当时实行国共合作，他的身份比较特殊，适于在国民党军队里做工作。对于他提出的入党问题，上级告诉他到原部队找地下党组织解决。8 月初，他返回原部队，由中共秘密党员王兴纲介绍加入中国共产党。"长沙大火"后，他被八路军南昌办事处派往重庆，与周公馆单线联系，并通过他父亲的关系，进入李济深领导的国民党军事委员会战地党政委员会当了一名视察员。1939 年，他在重庆受到周恩来的接见，周恩来要他做好长期在国民党军队中潜伏的思想准备，并指示他：在国民党统治区工作遇到的困难多，在困难的情况下，要争取有利的一面，并努力使之转变为现实。此后不久，他与党组织失去了联系。但是，他要做一名自觉的战士，在没有组织关系的情况下，也要做革命工作。

为了更好地在国民党军队内开展工作，1943 年 10 月，段伯宇考入陆军大学第七期特别班。当时与他关系密切、感情深的有：蒋经国的副手、国防部预备干部局代局长贾亦斌（段陆大同班同学），伞兵司令部参谋处主任刘农畯，以及王海峤、宋光烈、宋健人等陆大同学。他们经常聚集在贾亦斌南京干河沿 109 号的家中，聚餐座谈，漫谈形势，各述见闻。交谈之中，大家普遍对内战深感忧愤。段伯宇以同学、朋友的身份引导他们座谈、讨论，为日后组织武装反蒋奠定了思想基础。

经过两年多的学习，到 1946 年春天，段伯宇在陆大毕业典礼上，受到蒋介石校长检阅。蒋了解到段的父亲、弟弟（任蒋介石侍从室上校参谋）的身世后，很高兴地说："好！好！好！你们父子三人同是陆大出身，难得，难得。"有意提拔。这时，与哥哥志趣相投的弟弟段仲宇利用他调任联合国安全理事会军事参谋团中国代表团的机会，向侍卫长俞济时推荐，由段伯宇替补他离任后的遗缺，很快获蒋介石批准，段伯宇也成了侍卫官。不久，侍从室改组为"军务局"，军务局的特点是规模不大，人员精干，业务集中，它是凌驾于国民政府各部门之上的军事机要部门。

在这些同学中，段伯宇与贾亦斌、刘农畯走得最近。有一次，三人聚会，在谈到时局时，贾亦斌说：当今国民党政府内部腐败，与之同流难于不合污，既然不能为国家、民族做出有益的贡献，不如脱离国民党，解甲归田，当老百姓，去过田园隐居生活，以避开令人厌恶、污浊不堪的国民党官场生活。段伯宇不同意贾亦斌的看法，他说，为了个人打算，自然可以退出政治舞台，洁身自好，但这样做无补于国家民族，不是一个现代中国军人应走之路。要保持忍耐，坚持干下去，要像青莲那样出污泥而不染；要有实力，要掌握武装，但光找杂牌部队不行，我们需要自己掌握武装。经过分析讨论，"自己掌握武装"成了他们的共识。于是他们当即拟订了一个自己抓武装的初步计划。

此后不久，"自己掌握武装"的计划初见成效。刘农畯调到伞兵三团任团长。这支部队是国民党军队之精粹，号称"国军之花"，是1944年从国民党远征军、青年军和中央军校精选组编，并由美军顾问团训练的一支现代化部队。与此同时，贾亦斌利用蒋介石在长江以南组建30个新军的图谋，毛遂自荐表示愿意负责动员召集和组织训练他手上的青年军，组织预备干部训练团第一总队（简称"预干总队"），并迅速以预备干部局的名义草拟了一份计划，经国防部报到军务局。此时，已升为少将高参的段伯宇当即加注意见送给俞济时转报蒋介石，顺利地获得了批准。于是，贾亦斌顺理成章地兼任了总队长。开始时为 1000 人，后来发展到 4000 余人。

蒋经国与贾亦斌原都是有正义感和良知之人，因此二人关系亲如兄弟。但蒋要继承父业，决心反共救国，采取两手：政治上反腐败，军事上加强青年军。所以对贾掌握的培养青年军各级军官的这支部队寄予很大希望，成立时特意从杭州家中发来电报祝贺，希望这支部队成为拱卫蒋家王朝半壁江山的核心和骨干。他没有想到，这支表面上属于"太子系"的蒋家王朝"勤王之师"，实际上是一支反蒋武装。因为原来支持蒋反腐救党的贾亦斌由于上海反腐失败，对国民党已经失去信心，转而拥共救国。

1948 年 12 月初的一天，贾亦斌得到国民党政府准备从南京迁往广州的消息，觉得应该趁此举事，于是急招段伯宇等人到他家中一谈。贾提议："决不能让这些发动内战的罪魁祸首逃之夭夭，我们应当迅速采取行动，在南京发动一次'西安事变'式的突然袭击。"多数人同意，并商定由贾率领预干总队占领紫金山，刘农畯率伞兵三团占领两路口机场，把蒋介石和国民党主要军政要员都抓起来，送往解放区，使内战早日结束。大家都很激动，摩拳擦掌。一向老成持重的段伯宇听后，首先表示十分同意大家的义举，但指出：第一，从南京局部形势看，我们能调动的部队有限，若贸然行动，无异以卵击石。第二，我们搞革命绝不能感情用事，逞一时之快，现在时机还不成熟，应当有充分准备，有组织、有计划、有领导地搞。第三，我们要根据各自的条件，分头抓军队的策反工作，争取多掌握点武装，积蓄力量，待机行动。大家讨论后都表示同意。最后，段还提出，行动要严守机密，今后个别碰头联系，不搞碰头会。①

这次会议后，段伯宇加强了对国民党阵营的分化工作。经过多方工作，到 1948 年冬，段伯宇手上所掌握的部队有：贾亦斌领导的国防部预备干部训练团第一总队，刘农畯领导的伞兵三团，王海峤领导的国防部工兵第四团，齐国楮领导的江苏保安第九旅，段仲宇领导的上海港口司令部及其所属辎重汽车团两个团，贾亦斌老部下周敬亭领导的驻守江苏扬中县的四十一师，贾亦斌老同学方懋锴领导的驻守上海大场镇的青

---

① 贾毅、贾维记录整理《半生风雨录——贾亦斌回忆录》，中国文史出版社，2011，第 185 页。

年军二〇九师，驻守浦镇的九十六军，驻守芜湖的一〇六军，以及国民党装甲兵一个营，有六七万人之众。这些部队，西起芜湖，东至嘉兴、杭州，沿江千余里，在国民党"固若金汤"的百万江防线上，埋伏下一条秘密战线。

三大战役国民党的失败，表明内战胜负已经明朗。国民党政权内部也迅速分裂。桂系李宗仁、白崇禧在美国支持下，在南京大搞"逼宫"。1949年1月21日，蒋介石被迫"引退"，李宗仁当了代总统，但兵权还在蒋手中。蒋在调兵遣将时，将刘农畯的伞兵三团从南京调驻上海安亭，贾亦斌的预干总队调驻嘉兴。这时的段伯宇借病脱离了军务局，到上海集中全力搞军运工作，以便配合解放军渡江。他到上海后，住在宝山路其弟段仲宇家里。这是一幢两层小白楼，装有电话，地点邻近火车站，交通联系方便，门口有卫兵，外人很难进入，这里很快成为他联系工作的据点。同时，他又通过在复旦大学读书的表弟温尚煜（新入党的秘密党员）的关系，与中共中央上海局策反工作委员会取得了联系。①

---

① 贾毅、贾维记录整理《半生风雨录——贾亦斌回忆录》，第179页。

1949 年元旦，在上海宝山路段仲宇家中，中共中央上海局策反工作委员会书记张执一会见了段伯宇。段将他入党的情况，在重庆接受周恩来指示的情况，以及失掉与党组织联系后，独立开展工作，联系国民党内部爱国将领共同反蒋的情况，向张执一做了全面汇报。张执一听后非常高兴，认为段伯宇在与党组织失去联系后独立做了大量工作是难得的，并说段伯宇掌握的部队工作量很大，需要专人联系，决定将策反工作委员会成员李正文介绍给段伯宇，并商定预干总队交由上海局策反工作委员会掌握和直接领导。第二天，段伯宇见到了李正文，段又把贾亦斌、刘农畯、段仲宇、宋健人、王海峤等人分别介绍给李正文，谈了他们的工作情况和部队的兵力、驻地情况。此后，李正文、段伯宇、贾亦斌、刘农畯等人便三天两头在段仲宇的家中聚会。因为这里是上海港口副司令段仲宇的公馆，由国民党士兵警卫，一般人很少对此产生怀疑。李正文由贾陪同视察嘉兴的预干总队后，又派张文藻以贾的秘书的公开身份，随队指导。①

----

① 　贾毅、贾维记录整理《半生风雨录——贾亦斌回忆录》，第 189 页。

谋划中的起义，是一次规模颇大的联合行动。对此，上海局策反工作委员会十分重视，也十分慎重。经过缜密分析和商议，张执一认为，立即发动如此大规模联合起义的条件尚未成熟，眼下还是分头准备，各自见机行动为妥。但他对贾亦斌部的起义给予了特殊的关注，因为预干总队是蒋经国的嫡系部队，起义又选在宁沪杭中心地带，政治影响将是巨大的，即便不能在军事上给国民党以重创，也可使其新建30个军固守江南的计划受动摇，并与解放军渡江作战相呼应。

　　李正文根据这个意见，召集段伯宇、贾亦斌、刘农畯三人在宝山路联络站研究了预干总队起义的具体问题，并决定抓紧做好起义准备工作，待机行动。可是，他们的行动已经引起怀疑。3月初，接连发生了两个突发事件。一是蒋经国连续发来三封电报，命贾亦斌即刻去溪口见蒋介石。虽然二蒋只是听了传说，没有实际证据，贾亦斌接受九天考察后，安然无恙地回来了，但是他被撤销了所兼各职，只保留了一个国防部少将部员的虚职。二是蒋介石单独召见了刘农畯，说准备把伞兵三团水运到台湾，作为他将来退居台湾的卫队。

图 4-9
贾亦斌与蒋介石在溪口
合影

客观形势的逼迫，促使这两支部队的起义日程进入快车道。贾亦斌从溪口回来后，与段伯宇、李正文、刘农畯、段仲宇等人迅速召开碰头会，商讨对策。认为贾虽被撤职，但在部队中的关系还是紧密，要利用可能的机会加速准备起义，待机行动。关于伞兵三团，李正文透露了一个消息，说上级党组织决定，保存伞兵三团的实力，作为人民伞兵的基础。根据国民党要把伞兵三团水运到台湾的企图，段伯宇建议伞兵三团乘船出海后，转道北上开赴连云港登陆。他的方案得到了策反工作委员会的同意。

事态发展果不出所料。由于贾亦斌在预干总队所做的工作，该队中大多数官佐和学员对贾十分忠诚，反蒋、厌战、起义的情绪十分强烈。贾被撤的消息一到嘉兴，部队就闹了起来，纷纷表示挽贾，并进行罢操、罢课，要到南京请愿等，使新任的总队长黎天铎十分狼狈。黎即表示聘请贾为"名誉总队长"，邀请贾去参加欢送大会，以安抚官兵。中共方面认为现在起义时机未到，这样闹下去，会吸引敌人注意，反而不利。于是贾接受邀请，到嘉兴出席了欢送大会。在会上，贾向全队讲完了"最后一课"，最后语重心长地说："国家的预备干部，是人民的公仆，要以人民为后盾，为人民着想，为人民服务。古今中外的军队，依靠人民则胜，脱离人民则必败。这一历史真理，吾辈革命军人当慎思之……"① 广大官兵报以热烈掌声。

贾从嘉兴回上海后，即发现特务跟踪。这时解放军也很快就要发起渡江战役。4月2日，李正文和段伯宇传达策反工作委员会的指示，决定预备干部总队

① 贾毅、贾维记录整理《半生风雨录——贾亦斌回忆录》，第205页。

于 4 月 15 日起义。可是，4 日，贾在向 30 多名骨干布置起义任务时，被混进来的暗探获知，消息泄露，决定提前发动起义。

4 月 7 日凌晨，贾亦斌率领预备干部训练团第一总队 4000 余人在嘉兴起义，起义部队经莫干山向天目山解放区挺进。蒋氏父子得知后，大怒，调集几十倍于起义军的兵力围追堵截，经过几天战斗，起义部队寡不敌众，起义失败。4 月 14 日，预干总队被国民党处理，除一部分牺牲，一部分逃脱外，大部分官兵（2239 人）被俘，押回嘉兴原地，被重新改编后，禁锢起来，不准与外界接触。下旬，改编部队开到漳州，编为厦门要塞守备部队。在途中，起义学员坚决斗争，一些起义骨干被投入钱塘江淹死，不少人跳车逃跑。到漳州后，进一步清查，凡与中共有联系嫌疑和与贾亦斌关系较好者，如刘昇、李德厚、杨宇志等，都被活埋了。①

贾亦斌在同志的掩护下，拖着严重的伤痛，到达中共游击队根据地。南京解放后，贾被护送到南京干河沿家中。嘉兴起义后，李正文被派赴香港工作。他

---

① 贾毅、贾维记录整理《半生风雨录——贾亦斌回忆录》，第 230 页。

在香港报纸上看到起义消息及"贾亦斌已在良村被击毙"的消息，深为悲痛。一天他到贾府来做安抚工作，一看贾还活着，转悲为喜，并告早在4月1日，即决定预干总队起义的前一天，组织上已经批准贾为中共党员。

4月15日，刘农畯的国民党伞兵三团按计划在海上起义后开到了连云港解放区。但由于3月上海局的电台被国民党特务破坏，秦鸿钧和领导这一电台的张困斋均被捕，随即英勇牺牲，所以如同"重庆号"起义时那样，上海局和南京地下党一时来不及用秘密电台和解放区通信，不得已就用真姓名作信号与解放军联系上。① 伞兵们降落时，场面十分壮观，如天女散花。预备干部训练团第一总队和伞兵三团都是蒋介石的嫡系部队，前者被称为蒋介石和蒋经国的"子弟兵"、"太子军"，后者被称为"御林军"。这两支队伍"从蒋家的心窝里反出来"，震撼了宁沪杭各方，对于动摇国民党军心，配合解放军渡江，解放南京、上海发挥了重要的作用。

---

① 张执一:《在上海局工作情况的回忆》,《沙、陈自存文档》, 3-0497。

图 4-10
伞兵三团起义

　　此后，段伯宇联络的其他部队也相继行动。王海嵘根据党的指示故意把铁甲车弄坏，堵住浙赣铁路，使国民党军队无法顺利向台湾撤退，蒋介石为此大发雷霆，下令逮捕王海嵘。王海嵘只得随中共秘密联络员撤往香港后转解放区。齐国楮在解放军渡江后率领江苏省保安第九旅万余人在金坛、溧阳一带投向人民。段仲宇的辎重汽车部队两个团于 5 月 24 日在解放上海的战役中起义，迎接解放军顺利渡过苏州河，插入河北江湾地区，促使上海迅速解放。

五　推翻蒋家王朝

（一）江防线固若金汤　沈世猷如囊探物

辽沈、淮海、平津三大战役后，解放军准备渡江。为加强渡江战役统一领导，1949 年 2 月 11 日，中央军委决定，由刘伯承、陈毅、邓小平、粟裕、谭震林五人在淮海战役期间组成的总前委，在渡江战役中照旧行使其领导职权。

这时的国民党军队主力虽然受到三大战役和周恩来策动的一系列起义的深重打击，但装备先进的海陆空三军仍有较强大的实力，欲以长江天险为屏障做困兽斗。江防重点集中于长江下游京沪杭地区，企图实现"划江而治"。

为此，蒋介石 1949 年 1 月 "引退" 前，决定把长江防线划为两大战区，以江西湖口为界，他任命汤恩伯为京沪杭警备总司令，湖口以东归汤指挥，兵力有 75 个师，约 45 万人。湖口以西归白崇禧指挥，其兵力有 40 个师，约 25 万人。汤部所辖正规军有 21 个军以及炮兵团、装甲车团、战车团等，还有宪兵、警察、警卫队等；在江阴、江宁、吴淞三大要塞有炮兵总台、守备队，大炮四五百门；还有两个海军舰队、三个空军大队（有飞机 300 多架）驻于汉口、南京和上海。总兵力约 70 万人，其中大部分在江西省九江以东的湖口至上海的八百公里江边。[①] 国民党军队在装备、火力上居优势，且有海、空军配合。海军方面，自上海至巴东共有 163 艘舰艇，其中巡洋舰 52 艘，兵舰 50 艘。上海南京段，有 10 艘巡洋舰，兵舰 23 艘，巡防艇、登陆艇、炮艇几十艘。[②] 据此，国民党在长江下游地区形成了海陆空立体护卫系统。

---

① 李子亮、邹彬等：《京沪地区蒋军的江防守备及崩溃实况》，《南京解放》（上）（南京市档案馆编 "城市解放系列丛书"），中国档案出版社，2009，第 54、34 页。

② 《华东军区参谋处关于蒋军江防情况介绍》（1949 年 3 月 10 日），《南京解放》（上），第 67 页。

对比之下，江北岸的解放军形势是很不利的，虽陈兵百万，但面对长江天险的阻隔，没有现代化交通工具可用，只有民用木帆船，大部分军人不习水性，武器装备差，只有一些日本、美制榴弹炮和普通步枪。从当时准备攻入南京的三野八、十兵团装备来看，木帆船只二十九军900只、二十八军774只、二十三军517只、三十一军428只、二十军426只……还缺少橹、桨、篷等工具。

解放军动员了几千名船夫参加战斗，为打消船工和家属的顾虑，利用当地出船过江前要卜凶吉的迷信习惯，各军甚至做好了巫婆的工作，在巫婆"出神"时即说"只要大家注意，可以过江，解放军定能胜利"等话。部队还给每船发二三斤酒壮胆，以稳定船工情绪。①

为了渡江，解放军要实现部队向适应"水战"的转变。各部队除认真抓船只、器材和水手准备外，在技术上要求指战员掌握游泳、划桨、摇橹、水上救护和射击等基本技能，学会组织部队登船、水上编队、

---

① 《第八、第十兵团渡江作战准备工作情况的补充报告》（1949年4月16日），《南京解放》（上），第121页。

支援、抢滩、登陆等战术配合。当时参加南京战役的解放军指战员林毅坦陈："在这样一个易守难攻的长江防线上，解放军要用近似当年曹操所用的原始木帆船渡江，加之我们的战士大都是北方人，不习水性，怕浪晕船，而且装备落后，困难是很大的。"①

不难看出，当时长江两岸的装备力量悬殊。难怪美军参谋开玩笑说："南岸的蒋军即只拿着扫帚，就能挡住共军过江。"汤恩伯、蒋介石也都称这长江天险是"牢不可破"、"固若金汤"。

在这种态势下，单靠发动一系列国民党内部的海陆空军起义，显然是不能彻底打败它的，最后还是要靠解放军的正面进攻解决问题。这就把"知己知彼，百战不殆"的谍报工作提升到战略高度。解放军要获得敌人情报有许多渠道，但最有价值的情报，只有潜伏在国民党党政军上层的秘密战士才能获得。于是，这些秘密战士在策动一系列起义的同时，也进行着同样危险的获取情报的工作。敌人也深知情报的重要性，因此进行这项工作的秘密战士一着不慎，即有生命

---

① 林毅：《解放南京纪实》，中共南京市委党史资料征集编研委员会办公室、南京市档案局编《南京党史资料》（24—26），1989年4月。作者当时任三十五军一○三师参谋长。

危险。

由于南京的首都地位，首脑机关密集，南京市委和上海局十分注意加强对国民政府党、政、军、经济、企业各层次的全面渗透，开展统战、情报获取、策反工作。

南京市委情报部在1946年春市委成立之际就建立了。由卢伯明负责，与陈修良单线联系，向上海局刘少文、吴克坚报告工作。市委利用当时国民党刚刚还都，人才缺乏的情况，经过谨慎的工作在各方面打入自己的同志。同时这些同志利用交朋友的办法，把一些对国民党不满的人拉出来为共产党工作，往往比共产党打进去，取得更快更好的效果。

根据卢伯明回忆，情报部建立时，华中情报部曾交给市委汪伪时期的党员关系：一个是吕一峰，一个是白沙及其联系的林志远。吕一峰是党员，打入汪伪组织"新民会"成为负责人之一，并且在伪中央大学担任教授。白沙无固定工作，曾在汉奸杂志《大公》上写写文章。林志远在汪伪机关工作。新市委成立后，林转到国民党国防部二厅印刷所，在印刷工作中收集到不少情报。

为支持解放军渡江作战，南京市委的策反和情报系统，先后在驻防南京的国民党陆海空军和警察部队、保密局、国防部、美军顾问团、联勤总部、青年部等部门发展或安插了中共党员40多名。他们分别在各自部门，采用不同的方式，通过不同的渠道刺探、收集敌军事情报，获得了蒋军封锁长江时的通信口令、南京军统特务名单及活动情况，同时还得到了军统布置潜伏在南京的秘密电台和密码、一些重要军事会议的内容及其文件。如其中打入美军顾问团的有彭原、鲁平、姚禹谟、张成章等多人。他们都出生于富裕家庭，上过大学，讲一口流利的英语，在当时属于稀有人才，因此较容易打入美军顾问团。于是，美军顾问团的机密情况，南京市委随时都能了解。如魏德迈每次来南京与蒋介石等国民党高级将领研究并部署进一步扩大内战时，一般都要落实到军事图纸。在绘图室的共产党员，就立即向组织提供敌人新的部署情报。

打入国民党军警各部的秘密战士，还冒着生命危险从国民党军令部获得了"1948年国民党后备军力量"、首都警察厅的"南京城防工事地图"以及有关警察部队的兵力和装备的重要情报资料，弄到国民党军队从芜湖到安庆之间的江防部署图，浦口沿江地带国民党前线司令部位置、干部名单、炮兵阵地、人员编制、武器装备等情报。渡江前，打入蒋军京沪杭总部的作战参谋、中共党员沈世猷，提供了国民党长江布防、江北桥头堡等许多重要情报，为解放军部署渡江和部队作战提供了准确依据。

图 5-1　沈世猷

关于沈世猷获取这些情报的险情，以及他一家都参与情报工作的情况，其妻子丁明俊回忆说：

> 1948 年年底，淮海战役已取得决定性胜利，中国人民解放军挥戈南指，进行渡江战役的准备工作。这时第三野战军派在上海的地下情报策反机关和上海地下党为了取得敌人的情报，在我家建立地下联络点，领导在南京的一个地下小组，展开情报策反工作。
>
> ……
>
> 由于我丈夫置身于国民党高级军事机关，为我党侦取军事情报，斗争任务艰巨，于是地下联络点的责任便落在我的身上，而地下联络点的安

全保卫工作则由侄儿良典担负起来……

1948年11月，淮海战场上，国民党黄百韬兵团已被歼，黄维兵团被团团围住，杜聿明徐州"剿总"及所率邱清泉、李弥两兵团已成瓮中之鳖。就在这个时候，我丈夫利用当时在国防部第一厅任职的便利，得知蒋介石关于立即在常州成立京沪杭警备总司令部，以汤恩伯为总司令，在江南各省迅速建立新军这两项重要情报，迅速向当时还设在珠江路莲花桥附近的地下联络点作了汇报。不久，丈夫在一个深夜回家……急促而兴奋地对我和良典说，组织上决定要他千方百计迅速打进汤恩伯京沪杭警备总司令部去，莲花桥的地下联络点由于人事变动和易于暴露，不再使用。组织上作出紧急决定，在我家建立地下联络点，由上海地下党的一位年轻的女同志来领导这里的地下小组，开展迎接渡江的情报策反斗争……

很快，在初冬的一天晚上，我们一家人日夜盼望的上海地下党的李敏（王月英）同志从上海到地下联络点来了……

李大姐和丈夫单独交谈了，我和良典退出了

密室。李大姐讲了上级很重视丈夫前次及时侦取的关于蒋介石准备实行战略转移的两项重要情报，传达了我军已准备渡江的战略部署，要求在第二战线斗争的同志积极行动起来，迎接解放军渡江。组织上交给丈夫的任务是，积极捕捉时机，打进汤恩伯京沪杭警备总司令部去。丈夫汇报了执行此项任务已取得进展，又和李大姐共同分析研究了进一步行动的途径、步骤、方法。两人交谈至深夜……

1949年元旦，蒋介石发布求和文告，实际是搞假和谈、真备战。1月5日，汤恩伯的京沪杭警备总司令部队从常州迁来南京孝陵卫，妄图凭借长江天险，搞起所谓"千里江防"。我丈夫没有辜负党的期望，利用他在国防部任职和一些宗派关系，不失时机地迅速打进了汤恩伯江防最高指挥机关，立即投入了侦取敌人长江布防军事情报的战斗。为了迅速接取情报，加强对南京地下小组的领导，三野和上海局又派邬一声（吴明义）同志伴同李敏同志在一个严冬的夜晚来到南京的地下联络点。一两个月前，丈夫为准备去湖北策反国民党的一个军，到上海和邬一声同志共同策划，就与他见过面了。

丈夫先将两位同志迎进密室火炉边……他们三人在密室里紧张交谈起来。邬大哥、李大姐先根据组织指示，谈了我军进行渡江战役的战略意图，并且交代地下小组面临的紧急任务是：情报战线要把敌人江防变化的情况及时报送我军，策反战线要连续发动闪电起义，瓦解敌人。我丈夫详细汇报了敌人江防和备战的动向，并把已经整理好的情报，如国民党江北部队李延年、刘汝明两兵团进入江防阵地的情报，汤恩伯总部关于京沪杭战区江防兵力配备的情报，汤恩伯江防最高指挥机关的组成，重要头目姓名、历史和江防部队的宗派情况及矛盾等，作了详细说明和分析。经他们迅速转报我军江北指挥部。接着他们又对情报如何探取、策反如何发动、如何警惕敌人的魔爪等，详细研究和交换了意见。谈话结束时，东方已经破晓……

早饭后，丈夫上班、良典上学去了。邬大哥、李大姐两人上午在地下联络点会见在敌伞兵工作的同志，密谈起义之事。下午打入敌空军的一位同志来了。邬大哥、李大姐向他传达了上级的指示，为配合渡江战役，只要时机成熟，可以随时发动起义，飞往解放区。那位同志还告诉李大姐已为她弄到一张敌空军部队打字员的身份证，以备不时之需……

1949年3月上旬，我人民解放军百万雄师，以雷霆万钧之势，直奔长江而来。当时国民党当局仍垂死挣扎，一面加紧备战，一面对我地下人员加紧搜捕镇压。在这种形势下，三野司令部和上海局为适应斗争需要，准备把我丈夫和地下联络点的事，转给南京地下党直接领导，以求更迅速、更切实，也更安全地去完成迎接渡江，获取军事情报的任务。

……

因为情况发生了变化，我们在国民党陆军总部和联勤总部的同志，已先后获得国民党全国陆军兵力驻地装备训练情况和国民党长江中下游要塞要地设施以及淞沪地区工事构筑详图等重要战略情报，他们经组织批准，连同在国防部二厅里的一位同志随同国民党机关南撤广州，候命接受新的任务。地下小组原国民党空军的同志，已连续两个月发动两次闪电起义，飞往解放区成功。

另一位同志发现策反的新线索，已转移上海，正积极组织策划另一架飞机起义。地下小组在国民党伞兵的几位同志已随国民党向上海集中，组织发动起义的时机已到最后关头。李大姐把去上海的空军和伞兵同志的组织关系转到上海局，这样原地下小组仍坚持在南京敌人心脏里的同志，就只剩我丈夫一个人了。丈夫置身国民党江防最高指挥机关的作战要害部门，已侦得国民党江防全部兵力阵地配备和江防作战计划等战略情报，为了迎接即将发动的渡江作战，此时我军对如何避实击虚，如何选择渡江突破点实行敌前强渡，如何减少我军伤亡的战术情报要求更急，期望更殷，于是上级组织作出决定，把我丈夫和地下联络点转给南京地下党（即陈修良领导的南京市委策反工作部——引者注）就近领导。

……

邬大哥和李大姐走后，我们一家人又在等候南京地下党派来的同志了。当时，国民党为了守住江北桥头堡阵地，派遣小部队进行所谓江北扫荡，而我军也向敌人江北桥头堡阵地搜索前进。丈夫在汤恩伯总部及时取得敌人在长江北岸桥头堡阵地兵力配备的详细情报并整理出来，急待组织来人取去，这是为我渡江大军早日拔掉敌桥头堡据点，早日进入渡江准备位置的重要情报……

在邬大哥走后第三天晚上，有人按照李大姐约定的暗号敲门了。我急忙去开门，问来客找谁？有什么事？陌生人按李大姐约定的暗语说："我来找房的。"我知道党派人来了，满面喜色，迎接进家和丈夫见面。这位同志立即把组织交给他的介绍信也就是李大姐的亲笔信取出，交给我看。一张洁白的信笺上，简洁流利地这样写着："兹因家兄在宁居住困难，先介绍来找房子，前已承蒙允诺，到时请多照拂，为感，此请台安。"署名李敏，写信日期是"三、一八"。我和丈夫赶快把良典喊来见了面，合家欢喜，和"家兄"紧紧握起手来。

……他先说明是南京地下党组织派他来接替三野和上海局地下同志的关系和工作的。接着他传达了组织的指示，给我丈夫的任务仍然是利用在敌江防最高指挥机关的有利条件，全面及时地搜集国民党江防备战的军事情报，使我军知己知彼，以利于发动渡江作战。他的任务就是经常与地下联络点保持联系，布置上级下达的任务和接取转送情报。

我和良典一听，立即把整理好的国民党长江北岸桥头堡阵地兵力配备的情报取出，交给了"家兄"……他说："这正是江北指挥部和地下党组织需要的重要情报，您还未接到上级指示，就主动完成任务了。"

……

汤恩伯为了加紧备战和控制众叛亲离的局面，于 1949 年 3 月 24 日召开京沪杭战区团长以上将校重要会议……我丈夫利用参加会议工作人员的身份，取得了整个会议的情报。一天晚上，"家兄"匆匆赶到地下联络点，给我丈夫布置紧急任务，要他把安庆到芜湖之间特别是荻港一带国民党江防部队和阵地兵力配备的详细情报弄到手。第二天早上，丈夫到汤恩伯江防总部后，利用关系，随机应变，捕捉时机，取得临时代理作战业务的机会，发现了第七绥靖区江防兵力配备的图纸，连荻港一带江心洲上的班排配备都了然纸上。在办公室无法誊抄的，下班时，丈夫决定冒险把军事图偷携回家。晚上，"家兄"来了，为了安全，我们让他走了。夜深人静后，我们夫妇俩一读一写，赶抄原图。把军事图誊写完毕后，天已破晓……后来安庆、芜湖之间的江防地段，正是我解放大军提前一日实行敌前强渡所选择的战略突破口。

不几天，"家兄"又赶来地下联络点，布置了一次紧急情报任务，就是要我丈夫尽快侦取国民党京沪杭战区长江南岸炮兵火力配备的详细情报……汤恩伯总部已宣布实行应战戒备状态，限制机关内部作战人员的进出，如何不失时机地迅速取得情报呢？我决定抱着小红，装作到中山陵游玩的样子去接丈夫取得的情报……丈夫在作战部门是个被"器重"的人，他到江防总部后，正好主管炮兵业务的黄埔"老大哥"要去江防视察，自动上门拜托丈夫代理他的业务。这样，丈夫很快获取长江南岸炮兵的兵力火力配备的详细情报。午饭后，丈夫到江防总部附近的杨树林里把情报交给了我，放在小红的襁褓里带回了家……

胜利喜讯一个接着一个，1949 年 4 月 7 日晚丈夫回家告诉我，原地下小组打入敌空军的那位同志，在上海发动起义成功，飞到解放区去了。敌江防总部上上下下，胆战心惊。4月13日晚，丈夫回家又告诉我，原地下小组在敌伞兵里的几位同志，也在海上发动起义飞向解放区了，敌江防全军震动……

一天晚上，丈夫回家告诉我和良典说：我渡江西线大军已向安庆攻击前进，守军桂系一个师的师长，已急电汤恩伯请援，接连几天，汤按兵不发。后来汤恩伯为了应付桂系李宗仁，不得已将拱卫首都的浦口守军李延年兵团的一个军——九十六军，转道江南向安庆增援，这是多么重要的情报啊！这几天我们一家人天天急切盼望"家兄"的到来。我军在敌援到达之前抢先攻占安庆，以便迅速动摇和摧毁敌人江北桥头堡阵地。

"家兄"来取走情报时，丈夫说："敌援急如星火，我军更要兵贵神速，我遥祝我军所向披靡，解放安庆，并一帆风顺，打过长江。"……接着，丈夫每天上班周旋于江防总部的作战部门和情报部门，逐日把九十六军行军路线和宿营地点的情报送回地下联络点，"家兄"接到情报，也匆忙来去……当九十六军刚抵达长江以南大渡口时，我西线渡江大军已万帆竞发，迅速打过长江。

……

（1949年4月21日）还未到中午，丈夫出人意外地匆忙赶回家来，对我说："真是奇迹呀，我东线渡江大军，又从江阴一带打过江来了！""汤恩伯原想派二十四师快速部队反击，但还按兵不敢动。上午10时许决定成立京沪杭总部上海指挥所，并通知我立即做好准备，克日随先遣部队人员赶去上海"。"我东西两线渡江大军从两翼包围南京之势已成，国民党的什么固若金汤的长江防线溃于一旦，他们势必全线撤退了。"

"我明天早上一定要随汤恩伯总部先遣人员乘早车到上海指挥所去。""党交给我的任务是搜集军事情报，我不能放弃这得来不易的战斗岗位。何况江防撤退的敌人，会不会按照预定防御作战计划撤到二线阵地继续与我军周旋反扑？汤恩伯成立上海指挥所又有什么阴谋花招？都需要我坚持在敌人心脏里再当好耳目。""你们留下来，等待'家兄'吧，敌人成立上海指挥所和江防全线撤退的情报还要向'家兄'汇报，你们一定要站好最后一班岗！"①

（二）情报员全面渗透　国民党防不胜防

以上沈世猷从汤恩伯总司令部中获取的国民党江防最高级情报图是怎样送到解放军江北司令部的呢？由于当时设在上海的电台被敌人破获，一时恢复不起来，而军情又十万火急，于是南京市委决定派市委重要领导人朱启銮与白沙亲自护送。他们二人化装成西药商人，将"京沪、京杭沿线军事布置图"、"长江北岸桥头堡封港情况"和"江宁要塞弹药储运及数量表"等情报资料，用药品纸盒装好，向苏北进发。一开始比较顺利，但在由镇江转往扬州途中，突遇一队国民党巡逻队检查。白沙同志初次执行这样的任务，比较紧张，慌张地去保护装资料的药盒，差一点把图纸掉了下来。朱启銮发现敌人尚未发觉，就冷静机智

---

① 丁明俊：《冰心与丹心——忆迎接渡江的日日夜夜》，《南京党史资料》（24—26），1989 年 4 月。笔者在引用时做了适当精简。

地一边与敌人搭讪，一边迅速地把药盒整理好，终于蒙混过关。到达苏北后，他们就由向导带领，直奔在安徽合肥的解放军三野渡江司令部，政治部主任舒同接待了他们，称赞他们完成了重要的使命，让他们留下来参加金陵支队的学习，并报告研究南京情况，为接管南京做好准备，随大部队解放南京。[①]

同时，南京市委公务员工作委员会通过各种渠道获得有关兵源、供给、作战计划、人事变动、特务抓捕人员"黑名单"等重要材料。

广泛利用党员的亲属关系也是获取情报的重要途径。市委委员方休有一个亲戚是军统特务，一次，他把一包全国军用密码放在家里的一只箱子中，外出时留在家里。方休发现后，冒险拿来给陈修良，交情报部卢伯明夫妇连夜抄写后还回原处，并立即派人送到上海局，用电台转告了党中央。这份密电码在军事上起了重大作用，得到中央来电嘉奖。事后，为安全起见，方休被调离南京，转移到上海保护起来，陈慎言补充为市委委员。

---

① 参见朱启銮《南京地下斗争十年》、刘峰《为共产主义理想而奋斗的一生》、杨坤一《相濡以沫忆启銮》，《怀念朱启銮同志文集》，第 220、2、130 页。

图 5-2　方休一家

　　做情报工作不仅要搜集打击敌人的军事情报，还要搜集保护同志的情报。1948年，南京市委得知上海局副书记刘长胜已经引起敌人注意的消息，立即报告上海局，刘长胜迅速离沪，得以躲过追捕，否则后果不堪设想。情报部打入国民党国防部新闻局的地下党员吕建军，曾把他的两个同乡——保密局南京站学运组的两个特务拉过来，他们及时提供了特务机关计划大规模逮捕进步学生的名单，使市委能把这批革命力量撤退到安全的地区去就是一个成功的例子。据汪洋说：

（1948 年）1 月底，我来到南京，进了保密局南京站，吕建军同志与我单线联系。两三个月后，他告诉我，我属于党领导的外围革命组织"民族主义青年联盟"，直接受他领导（后我于1949 年 4 月 10 日在皖南游击队入党）。上级组织的名称和领导人一个字也没对我说，我从来也不问他。直到解放后，我才晓得，我在地下斗争时属于"中共南京市委情报部"。

我到南京站后，站长钟贡勋就把我分配到下属的一个小组——学运组当"通讯员"（地址在广州路四十号）。我的"任务"是分管药学专科学校和音乐学院的学运情报的搜素〔集〕；公开活动身份是"公论通讯社"记者。这样，我便利用敌人给我的合法的"职务"和"记者"的公开身份，出入于敌人机关和大专院校，将所了解到的一切有关敌人破坏我党领导的学运"情报"，使之转为反破坏的革命的学运情报，随时向直接领导我的吕建军同志汇报。当时，我是从两个方面与敌人进行秘密斗争的。一方面，将敌特机关的各级组织名称和敌特分子的姓名，包括安插到各大专院校的特务学生和被"运用"的帮凶（即反动学生）名单，报告吕建军同志；另一方面，随时将敌人对进步学生运动的反映和想要逮捕、传讯的进步学生名单（即"黑名单"）向地下党组织汇报，使我地下党及时掌握敌人的动向，以便提高警惕，注意防范。我当时的活动范围，不仅限于我所"分管"的药专和音专；中大、金大以及其他大专院校我也去跑动。由于有"公论通讯社"记者的招牌，凡是国民党的社会政治活动，我也混在记者群里去"采访"，如伪国大的召开，国民党举行的记者招待会等政治性活动情况，我都事先向地下党组织提供或事后将内容汇报。可以说，我当时所提供的情报是多层次、多方面的，但主要还是"学运"的情报。

1948年，是解放战争取得节节胜利，地下革命斗争蓬勃发展，特别是南京的学运斗争达到新的高潮的一年。斗争形势，既波澜壮阔，又尖锐复杂……各大专院校的特务学生和被特务机关"运用"的反动学生，在敌人的指使下，也活动得十分猖狂……他们不断地将我学生运动动态和进步学生名单，向敌特机关报送。这时我就想方设法截取这些"情报"，及时向吕建军同志报告，再由吕转报地下党组织。特别这年的夏秋之际，敌人为了镇压进步学生，搜集了各校进步学生"黑名单"约一百多人，我和周发彦（1948年初也参加了地下革命工作，与我同在"学运组"）截取了这一情况后，及时向地下党组织作了汇报……据后来了解，上了"黑名单"的大部分都转移脱险。①

吕一峰的儿子吕美华和同学罗柳溪在国民党海军军舰上工作。罗还是与军统特务有关系的人。市委通过吕一峰向罗做工作，使他以一个参谋身份打入海军情报处，后来还提升为情报处科长。罗不仅提供了许多国民党海军方面的情报，更重要的是，他还通过海军搜集陆军的情况，搜集到每个时期国民党陆军调动情况、战斗序列以及国民党江防情报。国民党溃退前，他曾跟随白崇禧视察长江江防，把国民党长江江防情报报告给南京市委。

为了取得桂系的政治军事情报，市委发展了桂系一个巨头的女儿叶新为秘密党员。她在无锡江苏社会

① 汪洋：《在党的领导下进行反破坏斗争》，《南京党史资料》（13），1986年4月。

教育学院毕业后到南京工作，住在白崇禧家里，帮助保管一部分情报资料和掌握桂系动向。同时，对于国民党上层，也利用条件进行工作，国民党立法院孙科的身边也有市委安排的人，进行监控。

南京市委在国民党行政机关也获取了大量经济情报和物资调运情报。原打入汪伪财政部警卫队的党员徐雨人，1946年通过关系打入国民党联合勤务总司令部工作，取得信任后，被调到军运调度室，可以及时掌握国民党军对山东及华北一带根据地重点进攻时国民党军调动运输的重要信息。

为配合解放军解放南京，打入国民党地理研究所的地下党员施雅风，收集了南京近郊的详细地理情况，供解放军渡江之用。而在淮海战役后，敌人布置潜伏工作时，我们又安排党员周一凡打入保密局在苏州办的爆破训练班，得知保密局特务头子毛人凤亲自布置国民党少将文化特务荆有麟潜伏南京，还带着一个女特务做报务员，利用新街口大鸿楼茶室，以戏剧编辑的身份为掩护，进行特务活动。这些情报信息为南京解放后侦破潜伏特务的工作，做出了贡献。①

①　朱启銮：《南京地下斗争十年》，《怀念朱启銮同志文集》，第220页。

党的情报工作允许运用各种力量，包括使用能够悔过自新的叛徒特务。在美军顾问团、中统、三青团以及联勤总部等部门，都经常有人送来重要情报。在国民党空军总部电台，情报部有党员王集时打入，他是电台修机员，为市委组织空军大起义，提供了不少帮助。为蒋介石接专线的电话员也是中共党员。

在国民党内政部调查局（即中统特务机关）方面，从1946年起，市委派前中央大学地下党员张一峰和他的老同学、国民党南京西区负责人常云樵，与中统的南京实验区站站长陈梦麟接近，获得许多重要情报。

情报部在舆论界也掌握了可靠的关系，例如以记者身份搜集政治情报，相机利用国民党内部矛盾进行宣传揭露。白沙和唐季平就通过打入国民党中央机关报《中央日报》资料室的秘密党员提供资料，揭露国民党内部倾轧腐败没落情况。唐季平还利用国民党地方实力派的报纸《商报》掩护市委公开合法地搜集情报。

党员周长令原是大学学生，通过社会关系打入国民党国防部二厅三处（军事情报处）做科员，每周都送给市委情报部许多情报，包括国民党军队的部署情况。甚至国民党搜集的有关共产党方面的情报，也能一本一本搞到。

1947 年共产党苏中区委陈丕显拟在江南建立十地委，派金柯、杨斌为首的一批人先到上海，被国民党保密局上海站站长朱崇文等密捕。金柯很快叛变，他不仅供出全部十地委，而且把在解放区所了解到的党派遣到敌占区搞经济物资的人员情况，也都提供给敌人，致使敌特机关前后逮捕了一百多人。朱崇文等受到蒋介石的嘉奖，金柯发了一笔大财，被委以少将高参。保密局要金柯重新回到苏中根据地，企图把陈丕显诱骗到江南，对苏中根据地实行更大破坏。但金柯的全部供词送到国防部印刷所付印时，被周长令发现，他很快做了摘要，经南京市委送到苏中根据地。已经重返根据地的金柯立即被抓了起来，避免了更大的破坏。①

打进国民党内部从事情报、策反工作的秘密党员，经常需要紧急撤离或隐蔽以确保个人和组织的安全。例如曾帮助打入美国驻南京大使馆的电话班长何馥麟（秘密党员）和前去联系工作的市委情报部负责人刘贞，在被叛徒出卖的危急情况下，市委安排了安全撤离。

---

① 陈修良：《关于十地委金柯叛变》，《沙、陈自存文档》，3-0676。

陈修良十分重视撤离后的党员的领导关系，有的不便转入当地的，继续由她单线联系。例如：赵庆辉原是市委直接领导的南京中央大学的学生，新民主主义青年社成员，暴露后，疏散到河南商丘自忠中学任教。该校是原西北军张自忠部（国民党第三十三集团军）的旧部军长、中共秘密党员张克侠创办的。赵庆辉撤到自忠中学后，继续由陈修良联系，并给他布置了三项任务："第一，随机应变在'西北军'中进行情报和策反工作，配合中国人民解放军进行解放战争；第二，接收宁、沪一带已经暴露了政治面目的大中学生到该校隐蔽，或把他们转入解放区；第三，搞好学校工作，使之成为党的工作据点，开展进步教学活动，在有条件时，相应建立党的组织，开展城市工作。"[①]

　　赵庆辉很好地完成了这些任务，在学校建立党的组织，发展党员，团结了一批进步师生，培养了一批干部，输送到解放区充实干部队伍，在解放战争中起了良好的作用。

　　1948年10月战争形势发生重大变化，国民党军

---

①　陈修良：《解放战争时期党在自忠中学的活动》，《南京党史资料》（23），1988年12月。

败退，国防部强迫自忠中学迁移到长江以南的句容县。陈修良得知后，立即找赵庆辉商谈，布置了新的工作任务，要求自忠中学的党组织与当地的党组织联系，计划在江南一带组织武装队伍，响应江北的解放军作战。11月，由于淮海战役开始，张克侠、何基沣率部起义，形势发生重大转折，国民党解散了自忠中学。陈修良即把赵庆辉转移到上海，并把他的组织关系也转到上海局。

南京市委的情报工作十分广泛和深入，以上仅是极少例子。准确及时的情报工作，为大决战时期中共的决策和取得胜利起了无可替代的重大作用。

比较而言，段伯宇利用自己的地位和权力，为中共做情报工作更是得心应手。因为军务局的特点是规模不大，人员精干，业务集中。它是凌驾于国民政府各部门之上的军事机要部门。尤其是他所在的第四科，主管情报，所以又称情报科，科长名叫张国疆，与段伯宇在战地党政委员会就认识，又是段仲宇在中央陆军军官学校的同班同学，二人关系相当亲密。情报科掌管着全国各地的形势报告和国民党内部的政治、军事、经济、外交等方方面面的信息资料，而且每天都有大量的机密情报从各个系统报上来。所以，对他有用的情报，往往信手拈来。

　　例如，1946年，段伯宇刚到军务局不久，就接到一份国防部递上来的军事情报。这是有关将中共广东游击队东江支队转移到华北地区的报告，其中还为东江支队转移规定了具体路线，要他们经江西、浙江、江苏抵达山东解放区。他看完报告后就明白，长途迁移，还要走规定路线，这分明是一出阴谋，目的是在路途中截击消灭东江支队。为了掩护该支队，段伯宇在随后召开的专门研究这个问题的内部会议上，提出将东江支队水运北上的方案。理由是，这样做既可避免他们沿途与群众接触，扰乱地方秩序，又可便于监视。他的主张得到军务局内稳健派的支持和局长俞济时的同意，报蒋介石批准通过。这样就确保了东江支队的安全转移。东江支队于这年7月5日安全到达了烟台解放区。

　　1947年3月中旬的一天，即将下班时，张国疆匆匆交给段伯宇一份密电，说了一句"酌情处理"就先下班走了。段伯宇接过一看，原来电报是国民党三十二军军长发来的，上面写着："三十二军参谋长王启明叛变，率部5000余人投靠共产党，已派兵追剿，兵力不足，请从速派兵增援。"看完电报后，他知道张国疆把这事推给自己的用意了。原来，张国疆是王启明的陆大同学，又是交情甚笃的老朋友，他不情愿亲手签发"追剿"的命令。这种电报本应立即呈报，因为正好是在星期六下午，于是段伯宇便借机放在抽屉里，晚报了两天。这样既掩护了王启明安全投共，自己也避免了麻烦。

1947年夏，段伯宇在陆军大学的一个叫万建藩的同学找到他，说其弟弟万鹏是苏北一个兵站的站长，因涉嫌给解放区供给物资被扣押，案情严重，并说万鹏的身份是共产党员。为了搭救同志，段伯宇决定冒险尽力营救。他借公务之便，弄清了这桩案子的状况，得知这桩案子的案情资料已经上报军务局军法科，只等调查取证核实后就签署处理意见。为此，他特意接近军法科主管军法的何专员。初次交谈，段伯宇抓住何专员喜欢谈古论今的特点，与他泛泛谈及历史上的"人治"与"法治"的问题，给他留下了好印象。此后，他们逐渐谈及国民党对待共产党嫌疑一类的案情问题。对此，何专员说了实情：有些是事实，但很多属于涉嫌，也有不少属于虚构，此类案件颇难处理。谈到投机处，何专员竟向段伯宇征求处理此类案件的意见，这正中段伯宇的下怀。段伯宇列举了历史上的一些案例请何专员参考，并乘机问到万鹏的案件，说万建藩是现任的南京警备司令部参谋长，其弟竟陷入"共嫌"案情，家有老母，万建藩的心情很沉重，等等，还谈到了万建藩与他是陆大同学的关系，请何慎重考虑，妥善处理。这次谈话之后，何专员对万鹏案件签署的处理意见为"撤职考察，待另任用"。这样既保护了同志，又团结了万建藩。

（三）争取民主派人士　帮助释放政治犯

1948年冬淮海战役打响，解放军兵临长江，南京城内一片恐慌。城中特务、警察疯狂抓人，监狱人满为患。

此前，在"五二〇"抗暴斗争中，南京大批学生被捕，其中中央大学学生朱成学、华彬清、李飞等数十名党员都在这次斗争中因躲避或转移不及而不幸被捕。但他们都不暴露自己，坚决不叛变。国民党首都特别刑事法庭对朱、华、李等人判以重刑。1949年1月蒋介石以退为进，下台求和，由李宗仁代总统，以争取时间，保住半壁江山，再谋反攻。中共南京市委意识到在这个时候，垮台前的国民党会对革命者进行大屠杀，尤其是在狱中的同志，难以幸免。而在当时，武装劫狱没有任何可能，只有谋合法营救之路。

图5-3　法学家杨兆龙

在市委会议上，陈修良提出这个问题，在大家努力寻找线索时，学委负责人王明远提供了一个关系：秘密党员沙轶因。沙轶因后来回忆说："王明远同志知道我有一个姐夫杨兆龙是司法界的，就和我研究能否通过杨来营救被捕同志。我们一起分析了杨的情况，认为杨是国民党政府官员，又是中央大学的教授，既是官吏又搞学术，虽是国民党员但并非特务。在当时大局已十分明朗，不少国民党的政军官员也有找关系向我党方面靠拢，以谋求个人出路的情况下，争取杨为释放政治犯出力的可能性还是存在的。"同时，他们又一起分析由沙去做杨的工作，"如做不成，我（指沙轶因——引者注）的党员面貌可能暴露，我会不会遭受迫害的问题？我们还分析了我姐姐的情况，我姐姐沙溯因当时是南京华中女子中学教师，在1935、1936年时曾在南京搞过一段妇女救国会的进步活动，姐姐的思想是比较开明的，她和杨夫妇关系较好，估计即使此事不成，杨也不会加害于我。王明远同志把我们分析的情况向市委领导汇报后（后来我才知道是向市委书记陈修良同志汇报的），组织上决定要我去进行争取杨的工作"。

接此重任后，沙轶因以一个进步分子的面貌先和姐姐谈话："现在国内形势很明朗，国民党即将垮台，无论为国家民族的前途着想还是为你们全家的前途着想，应尽快弃暗投明，为人民做点事，目前很希望杨能为释放政治犯出力。如果你们同意，我还有这方面的朋友，我可和我的朋友们说说，以后再商量具体办法。"

姐姐一口表示赞成，并要沙轶因直接去和杨兆龙说。于是姐妹俩以进步分子的面貌先后与杨谈了好几次，主要是说当时国内外形势，分析国民党即将垮台，告诉共产党对国民党党政人员主动赎罪的政策以及他个人和家庭的出路前途等问题，并曾介绍毛主席的《新民主主义论》一文给他读，他也认真读了。这些看来对杨已有所触动，他表示国民党的气数恐怕是不长了。但是从谈话中也看出来他主要还有两方面顾虑：一是认为为共产党做事，是要担风险的；二是对像他这样的人（时任国民党司法行政部司长），中共以后如何对待，还有怀疑。他曾说"这样干是很危险的"，"是关系我下半辈子何去何从的大事，我不能不慎重"，说明在这段时间里，杨的思想斗争很激烈。

"有时是期盼我到她家去住一晚（那时我父亲和他们同住，我一般每星期去看看父亲），听到隔壁房间里，他们夫妇叽叽咕咕一直到深夜，有时甚至声音较高，他与我姐姐发生争论，我估计是在议论这件事，但具体内容听不清楚。于是，我就针对杨的这些思想顾虑，推心置腹地晓之以理，动之以情，一再指出只有下决心为人民干事，才是唯一的光明大道"。①

恰巧在1948年底，国民政府行政院改组，孙科任院长，司法行政部长谢冠生免职，由赵琛以政务次长名义代理部长职务。这时，杨兆龙准备到中山大学担任法学院院长。但赵琛却硬要杨担任最高法院检察署代理检察长。赵与杨一样，也是一个深具法学良知的正直官员和学者。早年留学日本，回国后，1925年参加国民党，拥护孙中山的联俄、联共、扶助农工三大政策。后来在几所著名大学任法学教授。1933年任国

① 沙轶因：《关于我通过杨兆龙的关系进行释放政治犯工作的情况》（1982年9月20日），《沙、陈自存文档》，2-2176。

民政府立法委员，参加过起草《中华民国宪法草案》、《中华民国刑法》的工作，著有《监狱学》、《保险法要纲》等。他把正直、博学的同行杨兆龙引为知己，对杨说："这个职位看上去是反动的，但是如果善为运用，可以为老百姓做一番事业。"

据杨自述，"1948年下半年，沙轶因托其姐（我爱人）沙溯因要求我设法释放政治犯。后来沙轶因直接要求我这样做。我同意了，但是苦于没有机会。淮海战役以后，我怕南京解放时要混乱，把岳父、母亲、孩子们送往上海暂避，沙轶因在南京，住在我家。她日间外出活动，晚上在家里和我谈谈，有什么消息时可以交流。她劝我不要离开南京，说中共是欢迎我的。她说地下党了解我，像我这样的人在新政权之下可以做更大更多的事业。我被她一再劝说，就有留下之意。再说，沙溯因一贯信任中共，非常关心释放政治犯一事，也不断劝说我。但是我仍怀疑，仅凭沙轶因个人的话，是不可靠的。我对她说，你我是至亲，彼此可以信任。但是政权的变更、人事的去留，是国家的大事。你们党里应该派正式的代表来和我面谈，对于我才有保障。否则，以后没有人承认，那怎么办？她觉得我的话有道理。过了几天，沙轶因告诉我和沙溯因，地下党有个姓白的（即白沙）要来看我。果然，又一天下午，一个姓白的来了，自称是新闻记者。他劝我留在南京，说中共欢迎我，并保证我身家性命之安全及享有不低于现在的社会地位。他没有提及释放政治犯的事。当时沙轶因不在家，因为组织上不允许横向联系"。"不久，我向沙轶因透露了赵琛要我担任代理检察长之事，我表示决定拒绝。沙轶因连忙说：暂且不要推辞，让我和组织上商量一下。很快她带回商量的结果：希望我接受此职，以便营救在押的学生朱、华、李等人"。[①]

1949年3月12日，行政院长孙科辞职，由何应钦继任。3月23日宣布内阁名单，其中司法行政部长为张知本。3月初，杨兆龙从广州途经上海飞抵南京时已知此事内定为张知本。

张知本当时已经70多岁，是个老革命党员。在辛亥革命时他任湖北军政府司法部长。北伐后，曾任湖北省政府主席。1932年以后，历任司法院秘书长、行政法院院长、立法院宪法起草委员会副主任，好几次

---

① 杨兆龙1968年2月25日亲笔撰写的材料；陆锦碧、杨黎明致穆广仁的信（2014年5月17日）。

有长司法行政部的呼声。杨兆龙说："我和他从 1933 年在立法院宪法起草委员会成为同事后常常见面。他对我相当器重。他这样一位老人，对于像我这样一个四十几岁的人信任和依赖之心比较殷切，所以一切比较容易沟通。此人很有修养，有菩萨心肠。年纪大了，总想做一件好事，扬名后世，为子孙积德。他对年轻有为的人特别赏识。"

1949 年 3 月 24 日，张知本自沪乘火车抵南京。杨说：

当时司法界留在南京的人员中，要算我的职位最高，一切事情照例都是由我带领。张知本至南京时是由我去迎接的。他下火车后，我和他同乘一辆汽车到他的寓所。在路上，我就向他提起释放政治犯的事。我说，张部长在辛亥革命时是第一任司法部长，现在又来任司法行政部长。过去大官已做过多年，当然不是为做官而做官，而是要为国家做一点事。最近和谈之事甚嚣尘上，各方面要求释放政治犯者颇多。而所谓政治犯者，都不过是一些思想左倾的热血青年，不构成犯罪。他们一心爱国，主张正义，实在值得我们钦佩。现在反将他们囚禁在监所内，我们身在司法界的人，实在于心不安。部长一向以正义为怀，这一次应该将这些人释放出去。如果需要我出力的话，我愿意为部长奔走……他听了我这番话很受感动。他说："你的看法很对；可是各方面对这事阻力很大，我们应该怎样进行呢？"我说："以部长的威望应该是可以克服的。部长不妨在行政院会议上坚持主张一下；如果获得通过，那真是造福匪浅。"他朝我笑笑，说："好吧！让我们来试试看！"这样释放政治犯的基本政策就确定了。

自从张知本到南京后，我常常整天在他家里谈司法界过去的缺点，并指出这项释放政治犯的好处以及在行政院开会时如何应付等等。在某一次行政院会议上，张正式提案，要求行政院动议释放政治犯。当时何应钦主持，另有朱家骅、吴铁城等政务委员在座。大家对张的这个提案都觉得很诧异，表示"共产党手段狠辣，不可对他太仁慈。我们应该观察一个时期"，特别是朱、吴二人坚决反对，何应钦也竭力劝张放弃自己的主张。张这时大发脾气说"既然这样，我这个部长也不当了"，说后站起来要跑。大家见势不妙，连忙说："张部长不必生气，我们照你的意思办就是了。"于是，行政院以微弱多数勉强通过释放政治犯的决议，命令司法行政部执行。

但此时，司法行政部的印信已由赵琛带往广州，尚未移交给张。张对外行文都是借用最高检察署的印信。当行政院通过释放政治犯的决议时，广州方面赵琛还不知道。张知本拿到决议训令后，立即训令最高检察署拟具详细办法，通令全国各级司法机关一律释放。……司法行政部的印鉴和训令稿的用纸是借用检察署的，所以实际上都是最高检察署一手主办的。

由于张知本很信任我，我拿到司法行政部的训令后，可以完全照我的意思进行政治犯的释放工作。我当时是用代电的方式通令各省市的高等法院及检察署的，代电内附有释放的详细手续。我之所以用代电而不用训令，是因为最高检察署对法院无训令权。释放办法中有限期释放，交由原学校、家属、同乡会领回等办法。表面看来，似乎对犯人相当严格，实际上是为了保护犯人释放后不被特务劫走。这些情形都是预先和沙轶因谈妥后而规定的。那几天，南京快要解放，地下党催促我很紧，沙溯因也不断催促。我督促最高检察署书记官长宋锡仲日夜进行工作，在应付安慰最高检察署工作人员、计划释放政治犯以及和各方面联系等，宋锡仲是我的大帮手。详细办法是他和我商讨后起草的。他在南京解放后回天津，马上被捕，判刑 18 年。

原来沙轶因要求释放的政治犯只限于南京地区的朱成学、华彬清、李飞等少数几个人。我觉得在当时的制度下不便这样做，于是就进行一次全国性的大释放。首先撤销因南京五二〇学运而被捕者的公诉，因此，地下党所要救的朱、华、李三名已决犯得以获释。当时在南京被释放的有一百多人，全国被释放的估计有一万余人。检察署代电发出后，江苏、浙江、安徽等省都曾及时照办。我所知道的有十几个省的司法首长写信给我。上海高等法院检察署未执行。据当时的首席检察官张某告诉我，他因为受到地方法院院长查良鑑的威胁而不敢释放。我到上海后听到这件事时，毛森正在猖狂杀人，我就托高院院长郭云观暗中通知监狱妥为保护。据解放后了解，被囚禁的政治犯并无受害者。[1]

没想到，这时的李宗仁也心有异动。他知道自己只不过是蒋的傀儡，当初刚上台时的理想在蒋介石的操纵和解放军的强大攻势下，已成一枕黄粱。他没有实权，只是为蒋拖延王朝覆灭的时间。与其如此，不如下台前做"几件有利于人民的事，为将来和平谈判成功时，取得中共的谅解，以达到较好的政治地位"。[2] 所以与张知本、杨兆龙想到一起了。

不久，李宗仁践行诺言，下令全国释放了一批政治犯。1949 年 4 月 13 日南京卫戍副司令覃异之根据李宗仁的手令，迅速释放南京在押政治犯约 300 名。南京的政治犯首先释放，南京市委要救的人员也都被释放了出来。这一次南京、上海和全国其他各地监狱先后释放了上万名政治犯，大批干部和优秀青年的生命在紧急关头得以保存。

---

[1] 杨兆龙 1968 年 2 月 25 日亲笔撰写的材料；陆锦碧、杨黎明致穆广仁的信（2014 年 5 月 17 日）。陆锦碧和杨黎明曾一起去看望原上海市地方法院书记官长黄光珏，据他说，查良鑑很快就离沪去台湾，上海共释放 360 余名政治犯。

[2] 刘仲容遗稿《回忆我在桂系工作时的几件事情》，《文史资料选辑》第 73 辑，文史资料出版社，1981，第 56 页。

但蒋介石得知后，对此举极为气愤。当时，四川重庆的国民党当局，在蒋的指令下拒不执行李宗仁的命令，1949 年 11 月发生了《红岩》小说所描写的监狱大屠杀惨案。

解放时，陈立夫的妻子曾送来飞机票要杨兆龙赴美，在哈佛大学的恩师、美国法学权威庞德也多次邀请他到美国工作，但是，杨兆龙在妻子和中共组织的劝说下，最终放弃了去国外的机会，留在大陆。这是对新中国法制建设的大好事。新中国成立后杨兆龙首任东吴法学院院长，后为复旦大学教授，他积极著书立说，为新中国的法制建设做出了重大贡献。

（四）接过"应变"口号　准备接管城市

1949 年 1 月 10 日，沙文汉代表中共中央上海局起草了《京沪一般形势的特点及当前的基本方针与我们具体的工作》的指示，指出："确定我们当前的具体基本方针，应是积极地、广泛地发展力量，巩固与扩大核心，加强重点工作，依靠基本群众，团结人民大多数的原则上，为彻底解放京沪与具体准备对京沪的接收与管理而奋斗。"①

解放军攻克济南后，国民党政府极为恐慌，在镇压群众运动方面更加疯狂，连京沪一带小学老师联谊会等合法组织甚至帮会也下令取消。后方一片混乱，特别是乱发金圆券的币制改革，冻结公务员的生活指数，弄得民不聊生，引起群众更大的愤怒，群众当时要求生存权利的呼声已经相当普遍。当时流行着"应变"这个口号，在总崩溃的前夜，国民党各机关内部，也用这个口号，准备将物资和人员撤往台湾，并安排特务潜伏。南京是公务员最集中的地方，有13万多人。中共南京市委公务员工作委员会，书记王嘉谟，委员羊申甫（刘诚）、姚禹谟。市委由朱启銮、林徵联系。在公务员系统建立了12个党支部，有党员102人，分布在国民政府行政院、立法院、国防部及南京市政府各处、局的50多个单位中。

中共南京市委也利用"应变"这个口号，进行敌人内部的分化瓦解工作。加强国民政府内部公务员方面的工作就凸显出来了，而国民政府公务员的种类很

① 中共上海市委党史资料征集委员会主编《中共上海党史大事记（1919—1949）》，知识出版社，1988，第736页。

多，大致上设有党、政、军机关与特务机关等。

公务员工委一面发动公务员反对搬迁，保护物资档案，一面调查研究，搜集政治、军事、经济情报，掌握各机关组织系统、人事关系、下属机构等变化情况。

3月，南京市委将机关、工厂、学校、商店等系统调查研究的材料汇齐，交"金陵大队"汇编成几十万字的《南京概况》，使人民解放军在入城接管之前，就对南京的土地、人口、辖区，国民政府各院、各部的机构，军、警、宪等军事机构，反动政党各机构，官营事业及公产、逆产、重要工商业、文化事业、社会事业、公用事业以及外侨等方面情况有了清楚的了解，保证了接管工作的顺利开展。

南京党的公务员工作委员会书记王嘉谟1945年入党，从中央大学毕业后，王嘉谟等人先后奉党组织之命参与组织汪伪特务外围组织"钟社"，后又参加国民党军统特务组织"军事委员会东南特派员公署南京联络站"等机关工作。王嘉谟家是一个特殊的家庭。全家九口人都参加革命工作，兄弟四人和嫂子傅积嘉都是共产党员，经陈修良特殊批准成立"家庭支部"，由王嘉谟的弟弟王嘉猷为书记。

王嘉谟还亲自全面调查摸清了南京敌占房产，为解放后共产党接管南京做了极充分的准备。

陈修良通过朱启銮、林黛与公务员工作委员会联系。该组织对解放南京和城市的接管非常重要，特别是在情报和策反方面起了不可估量的作用，既沉重地打击了敌人，保护了地下党组织的安全，又团结了一批公务员，在国民党撤退前出色地为党组织保护了敌伪档案。

南京市委的应变工作是发动攻心战，要求公务人员弃暗投明，指出去留两条路：继续跟到台湾去反共反人民，还是准备解放，为人民政府服务，立功赎罪。在组织方面，通过合法组织打进去，如公务员联谊会等，搞宣传组织工作，夺取领导权，争取团结大量积极分子，孤立极少数顽固分子。

应变工作的另一重要任务是团结积极分子，保护各机关的档案资料和物资不被破坏或转移到台湾。由于利用"应变会"的名义，公务员中的秘密党员可以公开地进行南京地政局内房产、土地的登记与统计，对物资、器材、设备设法保护，也加以登记造册。南京的地产接管工作，做得非常好。解放后一次军管会会议上，陈修良与朱启銮、林黛汇报房地产情况时，提交了王嘉谟写的报告。报告的文字、表格、数字十分清晰。刘伯承司令看了动容地说："这个报告最好，看了令人十分佩服，让人头脑清醒。"①

1949年1月19日，在中共南京市委公务员工作委员会领导下，600多名被遣散的公务人员开展反搬迁、争取遣散费的斗争。他们到行政院和立法院门口集会，要求发返籍费和6个月的薪金。20日，2000多名公务员在财政部集会，反对裁减，要求增发疏散费。

（五）努力保护城市　反破坏反搬迁

南京市委还领导了大量保护城市、反破坏、反搬迁的斗争。

上海局早在1949年1月就发出"通过城市内部有组织的人民群众的力量和外部人民解放军的力量配合，用一切有效的办法，实现对城市的完整接收和管理"，"完整地接收并管理全部公共产业，公共物资财产，

---

① 　陈修良：《怀念王嘉谟同志》，《陈修良文集》，第532页。

及其他一切公共物质的与文化的建设事业"的指示,[1]不让南京政府把不久将属于人民的一切物资、财富搬走,南京人民在党的领导下进行反对搬迁、护厂、护校的斗争。这一斗争起始于 1948 年秋冬之际,持续到 1949 年春天南京解放,取得了很大的成绩。

在民主人士的协助下,3 月份南京党组织就摸清了南京的市区面积、市有公田、各市区的户数、男女人口、公职人员、各种车辆、每月所需各种物资、税收的内容数量和支出数量以及通讯社、报社、广播电台、沪报驻宁办事处的地址、社长(或台长)和主笔背景等详细情况。对国民党中央及南京市政府的直属机关和各局附属机关的详细地址(门牌号码),主要领导人的姓名、籍贯、住址,各机关的下设科室、人员配制情况也初步掌握。此外,对工商业的户数及政治态度[2]、渡口、车站等情况也有了详细的了解。对全市的行政系统、组织人员、物资设备以及南京国民党特务组织网络,包括商店、工厂、学校、文化娱乐

---

[1] 中共上海市委党史资料征集委员会主编《中共上海党史大事记 (1919—1949)》,第 736 页。
[2] 指解放时愿意留下,还是随国民党走。

场等的布局、组织、人力配备在内的社会、政治、经济设施以至全市人口、面积都做了详尽的调查记录和登记。① 同时还按系统成立接管委员会，制订接管方案，为保护古城，迎接解放和接管，做了大量的准备工作。

1948年下半年，国民党联勤总部在南京原有的六个汽车修理厂，在迁走部分设备后合并成三个厂。党领导工人设法拖延修车时间，降低修车质量，修好的汽车往往开不多远便抛锚，只好又送回返修。到解放时，三个厂待修的汽车还有好几十辆（解放后，均迅速修好）。

早在1948年9月，国民党联勤总部所属南京被服厂就传说要迁到台湾，工委通过纪浩同志向该厂党支部传达了关于反对搬迁和要求遣散费的决定，即：反搬迁，要求发遣散费，拖延时间，必要时拆除或破坏机器的主要零件。地下党支部发动工人拒绝搬迁，全厂总怠工，要求厂方发给遣散费。厂方被迫同意发放遣散费，但以先拆机器为条件。工人们在拆机器时，

---

① 《南京接管工作参考材料》（第一、二、三、四号），《华中解放区财政经济史料选编》第6卷，南京大学出版社，1988，第492—512页。

有意藏下机器的重要零部件，以破坏迁厂计划。工厂解散后，工人生活困难，党组织了部分工人自带机器四百余台成立新厂，承接了国民政府八万套单装和八万套衬衣裤的军服生产任务。但在生产时有意拖延完工时间，直到南京解放，敌人也没拿走一件衣服，这批军服全部交给了解放军。

国民政府资源委员会所属的南京工厂有无线电厂、有线电厂、电照厂、电瓷厂、中国农业机械公司南京分公司等。国民党下令所属工厂要迁到台湾或西南。国民政府资源委员会委员长孙越崎和副委员长吴兆洪是爱国人士，经地下党做工作，表示愿意合作。为此，无线电厂党支部决定开展反搬迁斗争。厂方就高价雇外面工人拆，并且装箱上船，从板桥运到下关。这时，该厂党支部用人民解放军江南挺进队总部名义，写信给厂方，要他们认清形势，为人民立功，同时，党中央统战部门对资源委员会的主要负责人做了不少工作，促使在香港的负责人也下令所属工厂要坚持原地生产，把一切物资、账册、资料保存下来，准备给共产党接管。

无线电厂的党支部解放前夕还做了两件事。一是市委为了在紧急情况下可以直接与党中央取得联系，决定设地下电台。把试装收发报机的任务交给了无线电厂党支部，党支部找到了疏散在上海、苏州的两位思想比较进步的工程师郭文昭和胡经伦，他们几个人日夜赶工，只用五天就做出来了，而且质量也较好。解放后电台交给了新建立的人民海军。

二是南京板桥驻有一支国民党军队，有百余人。市委决定做这支军队的工作。党支部先派人摸清情况，在他们内部做了工作，再用解放军的名义，公开找他们负责人谈话，讲明形势、政策，要求他们：（1）保护地方治安，不准欺压百姓；（2）协助保护工厂，防止坏人破坏；（3）不准向解放军开枪；（4）人员集中住宿。他们都同意了，解放后全部交由解放军接管，并对他们进行了整编。

南京电厂党组织曾遭破坏，党员不多，市委查知厂长陆法曾的妹妹是共产党员，此时正在解放区。1949年2月，由鲁平同志持陆法曾妹妹的信去见陆。陆看信后十分惊奇。鲁平说明自己是解放区来的，因"首都电厂"很重要，望陆厂长为人民立功，护厂、坚持生产。陆表示同意。以后鲁多次联系，共商如何储粮"应变"，组织巡逻队等，陆均通过其弟陆佑曾（工程师）出面在下关发电所设法贯彻。在电厂工人的支持下，实现了在国民党军撤退而解放军尚未进城的真空时期，向全市输电不断。4月23日凌晨，电厂工人主动驾驶"京电号"煤轮，出城迎接解放大军渡江。

南京解放时，水电、电报、电话、市内交通都没有停顿。所以，接管很顺利，许多工厂很快恢复生产，并为解放大西南和装备二野做出了贡献。

南京这个国民党反动统治的中心，一个过去麇集着许许多多反动军警宪特的城市，能够如此完整地回到人民手中，不能不说是一个奇迹！[①]

（六）兵工厂获利丰厚　大力支援解放军

地下党特别关注兵工厂的工作。1949年2月，中共南京市委工委派鲁平来到六十兵工厂（今晨光机器厂的前身），向党员传达了《关于对新解放城市的接管工作指示》的文件，大意是："城市一切公共财产属于人民，官僚资本企业由人民解放军接管，私人企

[①] 陈慎言、高骏：《回忆南京解放前夕的护厂斗争》，《南京党史资料》（2），1983年11月；李墨农等：《南京解放纪实》，《南京党史资料》（6），1984年2月。

业受到保护"，文件强调在解放军接管之前，要禁止破坏和抢掠，进行保厂护校活动。

为了掌握工厂内部情况，做好护厂准备工作，地下党小组长宋家耀通过其兄弟宋家兴在厂保管所的关系，打进厂警卫队当了警卫。2月底，地下党上级联系人何朝义在直卿村工人宿舍召集党员开了一次会议，要求党员和工厂周围失业工人中的积极分子加强联系，以便时机成熟时组织保厂队，大家都一一照办。

4月22日夜里，江边炮声隆隆，解放军在地下党帮助下，相继突破敌人长江防线，国民党军政机关连夜撤退逃跑，纷纷从中山门沿京杭国道（即今宁杭公路）溃退。厂里的职工群众个个面露喜色，互相探听解放军到了何处。4月23日一早，地下党员都来到厂里，在何朝义、宋家耀的领导下迅速组织了一支以地下党为核心的20多人的护厂纠察队，保卫工厂。留下未走的厂保管所主任朱云鹤还想进行阻挠，袁俊峰等党员向他宣传形势，晓以利害，使他明白工人护厂是为了工厂不受损失，否则要他考虑后果。朱见大势已去，也无可奈何。工厂原来的警卫队已经散伙，保护工厂的工作就由工人纠察队担负起来。

宋家耀按照事先掌握的情况，确定护厂重点是铁路门北边平房国民党九十六军设在厂里的粮秣仓库，这里有九十六军逃跑后留下的 4000 包大米。另外，火工所工房里存放的军用被服、毛巾等一大批物资，也是九十六军遗留下来的。还有几十座巨大厂房和几十部卡车以及全厂水电设施系统也需要保护。当时，纠察队只有两支枪，一支是宋家耀在警卫队时掌握的，另一支是动员一名警卫队员参加护厂带来的，其余纠察队员都是拿着木棍、铁条和旧式灭火机当武器。当时纠察队规定若发现有什么人哄抢仓库等情况，就敲打铁皮，将来人吓走，不能乱开枪，放枪也只能向天上打，不能伤人。

23 日夜，人民解放军陆续从浦口渡江进入南京城，至此，南京获得解放。当天夜里，纠察队员发现有小股人群向仓库移动，纠察队员一面敲打铁皮，一面高喊不准靠近，否则就要开枪。

这样的情况一夜有好几次。天亮后，队员们轮流去吃早饭，因巡逻人数减少，外面一伙人趁机进厂抢走了一大包军用毛巾，约有 2000 条，等纠察队员大部分人闻讯赶到，追上抢包的人，却只夺回一半，其余半包已被分掉。纠察队员随即加强了对被服仓库的警戒，后来就没有再发生类似的事件。①

1948 年夏天以后，市委布置下属的工人委员会，为迎接解放，配合大军作战，要酝酿组织工人武装力量。1949 年 1 月，建立了四个区委，又调骨干加强三轮车工作。3 月，以三轮车工人为基础，成立工人纠察总队，并刻了"中国人民解放军江南挺进总队"的图案，后改称"人民民主保卫队"，下设三个中队，小队长多为党员。开始时有一二百人，到 5 月初，已有 500 人。这支队伍在真空期间，维持社会秩序，调查仓库情况，搜集敌人遗弃的武器、弹药以及物资，如军衣、降落伞、汽车等，宣传政策，贴标语，写警告信，掌握敌情等等，配合地下党领导的警察总队，做了大量工作，对保护城市起了积极作用。

中央商场是南京最大的百货商场，也是地下党的保护重点。杨才能回忆说：1949 年 4 月 22 日夜，国民党反动派连夜逃跑，23 日晨 5 点钟陈良同志通知"我"，要"我"立即赶到商场，迅速发动群众，团结资本家，全力保护商场，以防敌人在逃跑时破坏。"我"即赶到商场，和吴树山等党员及自励会的积极

---

① 强家良：《护厂迎解放》，《南京党史资料》(24—26)，1989 年 4 月。

分子，把所有公司、商店的职工动员起来，并把厂商资本家组织起来，要他们全部留在商场，并由自励会和厂商联谊会发出联合通知：（1）所有厂商和职工都要留在商场，不准擅自离开；（2）不准非商场人员进出；（3）所有货物不准携出商场；（4）所有食品店的糕点、饼干等干粮一律不准转移。同时要担任"义务警察"、"自卫队员"的店员全部集中，穿起训练时的制服，听从自励会的统一指挥。当时商场有些资方人员看到自励会所有干部全力以赴保卫商场，而且在短时间内把所有店员组织起来，有条不紊地进行护店工作，开始意识到自励会是共产党领导的。①

（七）提前接管《中央日报》
最早报道解放喜讯

《中央日报》是国民党的喉舌，也是地下党获取情报、夺取南京后宣传共产党主张的最佳阵地，南京市委早有安排。地下党员李廉、魏文华回忆说：

---

① 杨才能：《中央商场的护店、迎解放斗争》，《南京党史资料》（24—26），1989年4月。

早在 1947 年元月 2 日，李廉根据直接领导他的中共四川省委工青妇负责人、《新华日报》读者服务课主任张子英（云甫）的指示，以"实习"名义进入重庆国民党中央日报社。2 月底他到达南京，恰遇中共代表团被迫撤回延安。经过几个月的努力，李廉才同中共南京地下市委接上关系。南京地下市委派了情报系统负责人卢伯明同他接头，并领导他的工作。一年以后，他了解到中央日报社中还有好几个地下党员和一些同情革命的群众，他并不是在中央日报社的白色包围中孤军作战的！

　　1949 年元月初，中共南京地下市委决定，将李廉的情报系统转入文教系统，直接由市委委员、文委书记王明远领导。这时《中央日报》的南京版主任找他谈话，要他担任《中央日报》南京版采访部主任，采访主任这一职务虽不足道，但可以自由出入南京的任何地方，获取各种情报，也可以影响南京中央日报社内大局。这个权力，应该由地下党来掌握。王明远听了他的汇报和意见后，支持他出任采访部主任。接着，王明远又调来几个党员。从此，南京地下党在《中央日报》

南京版编辑部和采访部，布下了积极迎接解放的火种！

1949年3、4月间，王明远频繁地到中央日报社传达上级指示，带走新的情报。遵照王明远带来的关于"保护中央日报社的器材，将来为我所用"的指示，李廉、魏文华等几次分析研究，作了分工部署，运用各种关系联系群众，共同护社护厂。又与王明远研究后决定：解放军一渡江，王就来中央日报社，尽早地把解放的声音告诉南京市民，并把这份新生的报纸命名为《解放新闻》。于是，李廉协助王明远，具体抓采、编、印、发等工作，他和邵平、刘彦、左克等地下党员，出出进进，收集国民党残余部队、警宪、特务隐蔽潜伏的情报和其他消息，一部分提供上级领导参考，一部分在报纸上披露，供市民阅读。

1949年4月21日，解放军渡江战役打响之夜，下关江面炮声隆隆，炮火划破了黑沉沉的长空，人们在静静地等待。他们以中央日报采访部的名义，与镇江、芜湖的报社联系，了解"江防"动静。镇江的答案是：江面平静，似乎是"东线无战事"。芜湖的回答是："共军已从芜湖上游渡过长江，正向南推进，尸体血流，顺江而下……"好一个"共军已从芜湖上游渡江，正向南推进"，他们立即写了一条"共军于21日晚渡过长江，向南推进"的简短而又重大的新闻，送给编辑部。编辑部主任特意加了一个花边框，刊登在第二天（22日）《中央日报》第一版的中间。22日晨，解放军渡过长江天堑的消息，不胫而走，迅速传遍宁沪。被国民党军队吹嘘为"长江天堑，不可逾越"的神话破灭了。

24日清晨，他们接到立即印刷人民解放军布告的通知，全体员工立即行动，迅速印出。中国人民解放军的布告很快贴遍了南京全城。

对于出新报，大家的积极性都非常高，抓紧时间，不计个人得失，争取尽快出报。经过24日、25日两天的组织准备工作，26日一早，中共南京地下市委领导的《解放新闻》日报（对开两版）出版了！

第一份包括新华社电讯、当地新闻的新型人民报纸《解放新闻》呈现在南京市民面前。《解放新闻》虽然仅出了四期（四天以后，由党中央命名的《新华日报》，在党中央任命的石西民社长领导下出版了），却向南京人民报告了春临大地的消息。①

（八）城市尚未解放时 地下党已经控制

渡江战役打响后，中共南京市委警察工作委员会立即通过警察系统内部的近百名党员带领千余名警员组成"地下工作团"（后改为警察总队）参加了保护城市的战斗，并与工人组织"民主自卫队"一道，收缴了大批武器弹药和物资，保存了各警察分局和派出机构的户籍档案。水上警察分局的武装警察在我党指挥下阻止了敌人对老江口轮渡栈桥的破坏并抢救了被炸起火的千吨粮轮"东山号"。不仅如此，还派出 8艘巡逻舰到江北接应我军过江。

在南京各重点工厂中的党组织与党员，团结群众，依靠群众，建立起工人纠察队、自卫队，随时制止、粉碎敌特的破坏。中共南京市委店员工作委员会还把

---

① 李廉：《地下新闻战线上的一朵火花》，《南京党史资料》（6），1984 年 2 月；魏文华：《石头城的一支"迎春花"——回忆〈解放新闻〉》，《南京党史资料》（24—26），1989 年 4 月。

受过国民党训练的店员团结起来，组成500余人的义务警察队，联防巡逻，维持治安，制止抢劫，保护了从新街口到太平路、夫子庙一带的南京商业中心。

一些重点工厂、重点学校和大的商店，基本保护下来。但是，国民党撤退前安排军、特人员，企图以爆炸等手段进行破坏。对此，南京市委早有准备，遵照上海局"彻底肃清反革命及其破坏活动，并防止其他任何破坏行为"的指示，采用各种形式与方法，向各阶层、各行业、各界人民群众宣传：南京一经解放，城市中的一切都永久是属于人民自己的，不应该使它遭受任何破坏。

南京市委还组织了两支特别队伍，武装起来维持治安。

一是以三轮车工人为主，于3月组成的工人纠察总队，4月初更名为"人民民主保卫队"，利用收缴的和敌军遗弃的枪支武装起来，在敌军逃跑混乱之时，维持社会秩序，防止破坏。

二是警运会领导下的南京市人民警察总队。"总队"共有2000多名警员，城中按照东南西北中五个区，城外按照东郊、南郊、西郊、北郊、下关和水上六个区，分区管理，各自负责本区治安，站岗、放哨、巡逻。国民党撤退前，指使其军特负责各区治安，站岗、放哨、巡逻，对车站、码头、粮库、电厂、电台等重要设施进行破坏，还从狱中放出地痞、流氓，让其趁火打劫，扰乱社会治安。但是，在市委领导下，党团结广大警员，在人民民主保卫队配合和人民群众帮助下，迅速控制了局势，包围了码头栈桥，扑灭了电厂的大火。"还警戒、保护了中央合作金库，中央、中国、交通、农业四个银行，电信局，六〇五工厂，下关发电厂，自来水厂，面粉厂，明故宫飞机场，中央广播电台，中央大学和重要物资仓库、桥梁、码头等重要单位；协同接管了国民党中央党部、市党部、三青团总部、国防部、陆军总部、励志社和警宪特务机构的房产、物质；及时平息了地痞流氓、帮会头子的哄抢风，破获了苏联大使馆和比利时大使馆被盗案，防范了敌特的破坏活动，清查处理了一批趁火打劫的坏分子。协助解放军追歼溃逃敌军，解除特务武装，收缴炮 73 门，炮弹 1875 枚，枪 1185 支，子弹几十万发，对维护社会治安，初步建立革命秩序起了重要的作用"。①

---

① 南京市公安局史志组：《开展警察运动　配合南京解放》，《南京党史资料》（22），1988 年 9 月。

正是由于中共南京市委在解放军过江前，在情报、策反、城市接管、群众护厂护校、保护公用设施、维护社会秩序等方面做了十分细致、全面的工作，最终使南京这座作为首都的古城，神速地得以和平解放，没有流血牺牲，没有战火破坏，这在中外战争史上也是少有的。中共上海局和南京市委在解放战争时期的秘密战线工作的作用，从中可以窥见一斑。

1949年4月20日，国民党政府拒绝中共提出的八项和谈条件，拒绝在国内和平协定上签字。21日凌晨，毛泽东和朱德发布了《向全国进军的命令》，早有准备的中国人民解放军第二野战军和第三野战军开始了渡江作战。首先突破的是南京西、东两边江面最狭窄的防线，即西边的安庆至芜湖段和东边的镇江至江阴段。

以陈修良为首的南京市委也做好了一切准备迎接解放。南京市委把保护好南京城、迎接解放军过江作为最大的任务。4月中旬市委领导警察运动委员会在陈良、马文林组织下，迅速传达上海局和市委指示，秘密印发《入城指示》，落实具体工作，出面维持治安，执勤、指挥交通，还动员两百名警员，控制枪支，保护档案和财产。

（九）江阴要塞起义　打开南京大门

南京东西两侧的芜湖、江阴的突破，也有地下党策反的配合。芜湖方面，还在国共和谈时，驻防在安徽省芜湖至繁昌荻港150里江防线上的国民党第一〇六军二八二师师长张奇就与地下党有密切联系，计划适时起义。但因引起军中特务的怀疑，该师5000名官兵于1949年2月7日，在师长张奇的率领下，毅然起义，北渡长江，加入了中国人民解放军的行列。起义打乱了国民党的江防部署，虽然国民党匆忙补救，但兵力削弱，留下一个突破口，使解放军首先在荻港攻破长江防线。

江阴要塞位于江苏省江阴县（今江阴市）附近，东倚上海，西近南京，南靠沪宁铁路，北临滔滔长江，同北岸的八圩港遥相呼应，控制着长江下游的最窄处——约1500米的江面，素有"江防门户"之称。

1946年春夏之间，中共盐阜地委组织部长唐君照，接到在国民党军中任职的四弟唐秉琳、五弟唐秉煜的来信，说："小本经营蚀了本，想回去做生意。"

暗示欲离开国民党，到解放区工作。唐君照即将此情况向地委书记曹荻秋做了汇报，并介绍说："秉琳早年跟我参加抗日救亡活动，秉煜也在新四军确山训练班学习过，经中共长江局批准，打入国民党军队工作，可惜后来失掉了联系。"曹荻秋（新中国成立后曾任上海市长）认为，这是个可以利用的关系，遂指示唐君照马上复信，"要他们等待"，暗示将派人和他们联系。

于是1947年华中工委派出唐坚华（唐君照的堂侄，中共党员）去做工作，发展了唐秉琳、唐秉煜、吴广文（唐秉琳的姨表兄弟）等人入党。

唐仲衡是唐氏兄弟的堂兄，以唐老板身份掩护，他的家是一个地下联络点。唐氏兄弟和其他党员常以打麻将为名聚会，商议事宜。

淮海战役以后，渡江问题迫切。华中工委曹荻秋本来是派唐坚华夫妇进入江阴要塞去做起义准备，但是在泰州唐坚华夫妇被特务拦截被捕了。曹荻秋找到三野十兵团准备渡江的叶飞，告知江阴要塞有党员内线，但是唐坚华被捕，进不去了（唐坚华被捕后坚称自己是逃出来的地主，未暴露身份，后经组织营救而被释放，奉调回解放区。江阴要塞的策反工作并未因唐坚华被捕而受影响）。①

　　叶飞便决定派华东局社会部情报科长王徵明进入江阴要塞策动起义。王在著名的济南战役中负责过策反吴化文起义并取得了成功，叶飞等向他布置，要塞地下党的基本任务是："保持 60 里防区，控制 3 到 4 个渡口，迎接渡江部队登陆。"王徵明通过与唐仲衡和唐秉琳二兄弟的接头，于 4 月 18 日进入要塞。

　　1948 年春，为适应战争形势需要，华野二纵南下，与第十一、第十二纵队组成苏北兵团。在中共华中工委和苏北兵团的领导下，王徵明、唐秉琳、唐秉煜、吴广文，开始投入艰难而充满危险的争取上层的工作。6 月，江防要塞司令孔庆桂因贪污巨款，被迫辞职，要塞司令出缺，戴戎光是其中一个候补者。戴家与唐家是世交，戴戎光和唐君照也是同学。戴的弟弟是共产党员，也曾与唐秉琳是同学，彼此都比较熟悉。党组织筹集了一些资金送到南京，支持戴戎光谋取司令一职。又通过吴广文、梅含章的关系，打通蒋介石侍从室主任俞济时的关节，使戴戎光的名字被排在送审的预选名单第一名。就这样，戴戎光被蒋介石

───────────

① 黄瑶：《渡江第一功》，《北京日报》2017 年 11 月 21 日。

选中了。戴上任后，对唐氏兄弟倍加感激，视为"心腹"。

戴戎光上任后第一件事，就是充实和加强要塞的实力和火力，筹备成立一个炮兵总台。他的这一扩充势力之举，为引进地下党同志提供了有利时机。借水行舟，机不可失！开始了有力的工作。首先动员吴广文放弃国民党国防部的安逸工作，在征得戴戎光同意后，调到要塞当守备总队长。又通过吴广文动员戴在黄埔军校的同学和挚友王德容，辞去陆军总部军械处副处长之职，到要塞当了参谋长（后调任游动炮兵团长）。在国防部负责要塞业务的唐秉煜也来了，一方面当了个挂名工兵营长，一方面按戴戎光的意旨，仍在国防部任职，充当戴的上层耳目。这样的安排，戴戎光自然欣喜万分，因为在他看来，身边都是自己的人。其实，他被架空了，守备总队长、参谋长、工兵营长都是地下党的人或同地下党志同道合的战友。

1948年11月，淮海战役胜利展开。经过一个月的激烈战斗，人民解放军以摧枯拉朽之势，连战连捷，黄百韬、黄维兵团相继覆灭，全歼杜聿明指日可待。为了迎接大军南下，中共华中工委指示江阴要塞地下党，把工作深入一层，加强对中间力量的争取工作。

在唐仲衡的建议下，地下党的工作分为两个层次：一是成立地下小组，加强对策反工作的领导；二是与已经争取的和比较可靠的军官，建立单线联系，并逐步扩大工作面，把工作重点引向基层。总台的观察员孟怀高是唐秉煜在黄埔军校16期的同学，又是盐阜老乡。经多次接触和谈心，孟怀高坚定了弃暗投明的决心，最后，由孟取代了反动的王汉民，担任第一大台台长。第二大台台长邱作霖以及毛介平也在地下党不断工作下表示听从调遣。这样，所有炮台的领导权基本上都被地下党控制。最难做工作的是守备第三大队副大队长曹炳山。这个人原是苏北一个自卫队的头目，到要塞后利用青红帮的关系控制部队，一时很难插手。恰巧，吴广文的父亲吴兆山是青红帮的老头子，地下党通过吴兆山，利用师徒关系做曹炳山的工作。最后终于把曹争取了过来。至此，六个大台的台长及工兵营副营长龙洴、通信连副连长李容有等一批中间力量，皆归心于地下党，为江阴要塞的适时起义打下了组织基础。地下党小组还争取了要塞参谋长梅含章的同情和支持，使起义准备工作得以顺利进行。

22日零时刚过，解放军渡江先头部队在要塞长山北麓悄然登陆，很快控制了长山，对要塞整个地区部队形成包围状态，通信网全部破坏，要塞司令戴戎光与其亲信失去联系。起义的工兵营长唐秉煜带领解放军几名战士走进地下室，戴戎光被活捉。晨7时，江阴要塞召开了全体官兵会议，宣布起义，正式由第三野战军特种兵总队接管，江阴炮台立即掉转炮口向国民党军开炮。这一起义的成功，打开了国民党长江下游防线的一个大缺口，使渡江部队在22日上午8时左右即切断了沪宁线。[1]

图5-4 江阴要塞起义后，夺取大炮欢迎解放军

　　蒋介石于4月底5月初在复兴岛开会时说："戴戎光这个混蛋一炮未放就投降敌人，让敌人轻易渡过长

---

① 中国人民解放军历史资料丛书编审委员会编《解放战争时期国民党军起义投诚（沪苏皖浙赣闽地区）》，第145—181页。

江，使得许多部队没有战斗就溃退，打破了我原来的计划。"①

李宗仁在回忆录里写道："孰知 4 月 21 日共军渡江时……要塞巨炮反击我江防舰队，舰队或沉或逃，共军木船乃蔽江而过……无法挽回了。"② 蒋军十七兵团司令侯镜如、南京卫戍副总司令覃异之、第七绥靖区副司令廖运泽回忆："江阴要塞一部分官兵起义迎接解放军渡江，逮捕要塞司令戴戎光，占领了要塞，使南京以东江防堡垒变成了解放军渡江的桥头阵地。这个意外的变化，使汤恩伯及其将领，大为震惊。"③ 在这种意外情况的打击下，国民党军政要员大为震惊，留在南京的国民党军政要员"一致认为南京无法再守"④，因而急匆匆安排后路，惶惶然争相逃跑。22 日上午，解放军切断京沪线。汤于当日下午匆匆下令全线撤退至沪杭。23 日 9 时，何应钦、李宗仁分别乘专机逃往上海、桂林。南京卫戍总司令张耀明

① 刘剑石、邹彬等：《上海战役概述》，《文史资料选辑》合订本第 23 卷（第 66—68 辑），中国文史出版社，2000，第 146 页。
② 《李宗仁回忆录》，广西师范大学出版社，2005，第 967 页。
③ 侯镜如、覃异之、廖运泽：《蒋介石王朝在京沪杭最后的挣扎》，《文史资料选辑》第 32 辑，文史资料出版社，1962，第 19 页。
④ 《李宗仁回忆录》，第 967 页。

甩开部队，先逃到杭州。副总司令覃异之搭乘空军运输机，逃往上海。副总司令兼四十五军军长陈沛将部队交由副军长指挥，自己乘汽车逃往上海，放弃南京。

（十）林遵"江面壮举"　地下党迎接解放

国民党守护南京的另一个重要江防力量是海防第二舰队，林遵是该舰队司令，生于福州，是清朝禁烟反英功臣林则徐的侄孙，是一位有影响的少壮派。他控制的第二舰队拥有大小战舰近百艘，几乎囊括了国民党海军的主力舰艇，并负责长江中下游的江防。他和一些亲密的同事与部下，对国民党的专制腐败深恶痛绝，反对内战，尤其反对打共产党。官兵大多数也是爱国的知识青年，与林遵有共同的思想，希望寻找一条脱离蒋政府统治的路子。党中央曾多次指示上海局开展对第二舰队的策反工作。1948 年 9 月，上海局的吴克坚，通过地下党员林亨元和林遵的老同学、海军总司令部新闻处专员郭寿生的关系终于与林遵建立了秘密联系，并几次协商策划起义，还派出地下党员到舰艇上秘密活动。林遵也采取了一系列措施，把自己的亲信和中共党员安排在身边或要害岗位上。

1949年1月1日中共中央、中央军委关于策动国民党海军海防第二舰队起义的电报称，"林遵所提接头办法，既系林自己主张，不必改变"，并要求他"隐忍待机，切勿暴露"。关于所称接头办法较少为人所知。原来国共合作抗日期间，周恩来在重庆曾与林遵约定，日后凡有以"张子舒"名字来接头的就是代表党中央、代表周恩来的。这个关系后来由王亚文在1947年春带到上海，交给沙文汉（张登）。

1949年春解放军渡江前夕的关键时刻，沙文汉代表上海局，以"张子舒"名义要王亚文到南京传达起义口信。王亚文在回忆中写道："我（从上海）乘着第二舰队负责人、地下党员何友恪（陈志远）的车去南京，代表党中央向林遵下达立刻率舰队起义的口头命令。同时又用张登的名义，告诉林起义后设法找到人民解放军进攻南京先头部队的首长。"得到这个指令后，林遵根据战事形势，一直在伺机举事。江阴要塞起义后，他拒不执行海军总司令桂永清要求舰队立即离开南京驶向上海的命令。4月23日林遵率领第二舰队千余官兵与二十三条战舰宣布起义，投奔解放军。同一天，解放军华东军区海军在江苏泰州白马庙宣告成立。人民海军诞生了！这天也就成为中国人民解放军海军的建军节。毛泽东称赞这次起义为"南京江面上的壮举"，"是值得全国人民热烈欢迎的行动"。江阴要塞和海防第二舰队的策反成功和相继起义，彻底瓦解了南京城的长江防御，使渡江的形势越发明朗。

图 5-5　林遵与第二舰队

"固若金汤"的长江天险就这样迅速被突破了。南京失守后，南方战场的国民党军队起义频繁，一时间众叛亲离，大有兵败如山倒，不可收拾之势，连美国政府最后也放弃了对蒋政府的支持，几个月以后国民党退出大陆。历史再次证明政权的巩固不以武器和物质为决定因素的真理。蒋介石在 1949 年 12 月 31 日的日记中记载："一年悲剧与惨状实不忍反省亦不敢回顾……军队为作战而消灭者十之二，为投机而降服者十之二，为避战图逃而灭之者十之五，其他运来台湾及各岛整训者不过十之一而已。"①

4 月 20 日，三野三十五军（军长吴化文）第一〇三师攻克南京外围的江浦、浦镇、浦口的三浦战斗打响。三浦是南京的门户，要攻下南京必须先拿下三浦。守卫三浦的是李延年兵团的精锐部队二十八军，虽然他们已经在此苦心经营了 3 个多月，修筑了大量的永久性半永久性工事，但很快被攻破。23 日渡江部队不惜一切代价寻找船只，各个部队都动员起来，挨家挨户地察访，找到了一条乘坐七八人的木船，往返了 6 次，将一个侦察连的兵力全部运到了南岸。侦察员到下关后，立即与南京共产党员接上关系，南京轮渡所和下关电厂的工人开出了"京电号"小火轮北上迎接解放军。

---

① 《蒋介石日记》，美国斯坦福大学胡佛研究所藏。

机务段轮渡所工人在反搬迁斗争中保存下来的"浦口号"火车轮渡和"凌平号"、"沧平号"拖轮，也紧接着开赴北岸，后又在江边找到一只可载二三百人的趸船共同工作。特别是南京党组织掌握的"水上警察局"改编的"中国人民解放军水上挺进队"，以二号巡艇为首的一些巡艇到浦口去迎接人民解放军渡江，起了很大作用。其中老江口的栈桥火车轮渡更加突出，一次便能运载一个团以上的大马、大炮、战车等到达江南。从清晨到中午，经过轮渡往返不停地运输，胜利地把停留在江北浦口一带的解放军第三十五军全体人马运过了长江，浩浩荡荡地进入南京城。①

打入警察局的地下党员林大宗，生动地讲述了组织"水上挺进队"迎接解放军过江的经过：

　　……我和老黄沿着玄武湖公园樱州的林荫小道，漫步前进。老黄倾听着我在这一时期内情况的汇报。当我把书面资料塞进他中山装时，他紧握着我的手说："上级对你所取得的资料很重视，

---

① 陈修良：《上海局领导下的南京市委工作》，中共上海市委党史资料征集委员会主编《解放战争时期的中共中央上海局》，第208—209页。

你的任务完成得很好，但要注意安全。……目前的形势发展很快，渡江日期可能比预计的时间提前，接应大军渡江的任务，要你积极去完成。现在再一次明确你的主要任务是：①在适当时刻把架子搭起来，用'中国人民解放军水上挺进队'这个番号，把你所能拿到的警察武装力量变成我们的地下武装部队，占领下关地区，起先遣军作用。②及时派船舰到浦口接应大军渡江，并尽量发动民船，参加运送，以壮大声势。③保护发电厂、火车站、轮渡栈桥及粮食、汽油等重点仓库。④维持下关地区治安秩序，张贴标语，广发传单宣传党的政策，扩大党的影响。明天上午9时，我们在山西路口汽车停车站见面。"我出了玄武湖公园，跳上开往下关的汽车，目送老黄淹没在熙攘的人流中。

……

回到办公室，水上警察局的"官儿们"一个也没有了，只剩下几个办事员和文书东歪西倒，等下班。局长的家眷前些天已送走，局长一个人龟缩在办公室里不知在干什么。科长和巡官借口出发查勤，都溜光了……全局只剩下我这个刑事科长，当长期的值日官。

　　……江面上早已封锁，这几天江南沿江的船只不准行使，都被撤至内河停靠。属水上警察局的八艘巡艇，也在前两天撤到汉西门的护城河内停泊。

　　四周空气是异样的沉寂，人心彷徨是争取起义的好时机，但不利的是此刻我周围得力的助手不多，在这严峻时刻，要完成党交给的任务，困难还是很多的……

　　在大小官员惶惶不可终日的情况下，我以特别冷静的态度，赢得了伪局长的信任……伪局长为维持残局，便命令我白天在局里办公，晚上在下关所住宿，暂时让我以刑事科长监管下关所的工作。

　　……

　　23日晨6时30分，我通知陈古哲把全所人员紧急集合。我传达命令："顷接局长来电，我所全体人员撤回局本部集合。我先去局里联系，全体人员带起武器弹药，由晨巡官带领，留所待命，等我来电行事。"

　　……

278

8 点前后，内勤人员纷纷来局上班。知道警厅已经撤退，无不震惊。看到我在，我叫他们照常上班。接着下江所、宝塔桥联勤区巡官吴延太来到本局，我叫他把该区员警立即撤回局本部。此时留局人数已增至 60 余人，我下令伙房整天造饭，收容本局人员。

……

下午下关的国民党部队已全部撤空，只剩下三三两两的散兵游勇。我们的队伍增至 100 多人。我记起黄河的指示："在适当时机把架子搭起来。"便一面叫郑维武把水上警察局旧牌取下，贴上红纸，写上"中国人民解放军水上挺进队队部"，并赶制水上挺进队臂章 200 个（白底黑字加一枚红色五星），另叫谭志广赶制各种标语。同时吩咐陈古哲将留下人员集合在大厅开会。当时人数有 140 人（部分船员留在汉西门护艇，不算在内），由我对大家讲话。我说："国民党大势已去，警厅已经撤离，不管大家死活。解放军即将渡江，南京就要解放。摆在你们面前有两条路：一条是投向革命，立功赎罪，前途光明；另一条是跟着国民党跑，与人民为敌，死路一条。你们何去何从？听凭选择。我奉中共南京地下组织指示，负责收容你们，改编为'中国人民解放军水上挺进队'，接应大军渡江。不愿意参加的马上出列，离队；愿意留下的听令行事，由陈古哲进行编队。"

这时他们鸦雀无声，没有一个出列离队的。当即由陈古哲将武装官警分成三队，摘下国民党帽徽，戴上挺进队的臂章。编组完毕，我又对他们讲话："我们现在是中国人民解放军挺进队，是革命队伍。我是队长，政委是黄河同志，马上就到。陈古哲为副队长，兼第一分队队长。郑维武、谭志广为队副，分别负责后勤和参谋业务。二分队队长为吴延太，三分队队长为潘逸舟，船艇队队长为刘超。一、二分队负责维持下关地区治安秩序，轮班巡逻，重点保护电厂、火车站、轮渡栈桥及粮油仓库，三分队负责队部警卫。"

……

24日凌晨，浦口沿江已隐约看到三三两两的解放军的尖兵，像在寻找过江船只。我们的船艇还未驶出内河。第一次派去摧船的人汇报说："从三叉河口至汉西门这段水面，大小船只一个挨一个，船艇开动不得，只能靠人力一步步撑着挤出来，从昨天下午到今天早晨前进不到 500 米。"按这样速度，明天下午船艇才能到达下关，我急得直跳。赶忙派人前去关照刘超："在船上贴上标语，边驶边宣传，动员船民们与我们协作。驶出内河，驶往对岸，迎接解放军，为人民立功。"

这办法居然奏效，部分小船驶出内河，船艇机器可以开动了。24 日中午时分，巡艇到达下关。全部巡艇由刘超同志带领。驶向江北，迎接解放军。只有八号消防艇留在南岸，参加抢救起火的码头与东山轮。

我们船艇快速地渡着一批又一批的解放军。半天时间，就有两个团以上的解放军渡到南岸，立即开进城内。以后我们又动员部分民船，也参加了运载解放军的工作，在南京地下党领导下，一些中央大学学生拿着五色标语和彩旗，到下关江边来迎接解放军。他们扭着秧歌，喊着口号，下关地区一片欢腾。[1]

---

[1] 林大宗：《我们是怎样组织水上挺进队的》，《南京党史资料》（24—26），1989 年 4 月。

（十一）陈修良脱下旗袍　两战线终于会师

关于在国民党南撤、解放军尚未进入南京的真空期，地下党做了些什么工作，陈修良在1949年5月2日致华东局并请转中央的报告中，有一个总的概括：

> 甲，四月二十二日下午，敌军警宪仓促撤离南京时，全市即陷入无政府状态中，流氓地痞和贫民集体进行抢劫各米面油行、警宪仓库等。解放军于二十三日夜间方有少数部队陆续进城，抢掠依然不停。维持治安地下党早有准备，二十二日起即出动保留下来的警察实力2000余人（郊区与城内按地区组织，党的系统受警委领导。解放前包括统战关系，全市97单位中有关系者64局所，撤退时一部分被迫离城后仍弃枪回城者不少），商店职员组织的义务警察约1000人，工人纠察队3000余人。各专科以上学校师生员工应变会的组织，各政府机关公务员联谊会组织起来的员工，混乱时即将敌人遗弃枪支多少不等，武装

自己，青木棒不计其数。此项群众数量相当巨大，无法统计，至少七八千人，立即站岗、放哨、巡逻，保护机关、仓库、公用事业等。维持治安中，死义警一人，贫民死伤数人，物资破坏不大。蒋匪临走时将司法行政部烧了，西郊警察局因我控制力极大，全部未撤走，曾接应渡江。我三十五军初进城时，因未与地下党联络，不了解情况，即命令人民武装及警察全部缴枪，致一天之内助长了抢掠之风。解释误会后，仍令警察徒手站岗，并派军队看管各重要机关。数天后，秩序即告稳定，南京已无战争景象。警察复员，经审查后已复员至4000余人，现已归公安局领导。工人、店员武装组织，拟经表扬与教育后，每人发给生活津贴费二千人民券，争取先后复员就业。

乙，南京政治犯七十六名，经地下党疏通，已在解放前全部释放，除南京党员6名已分配工作外，其余已各自走散，但名单尚在。普通犯全部在狱。[1]

---

[1]　《陈修良给华东局的报告》（1949年5月2日），《南京党史资料》（24—26），1989年4月。

由于国民党军队的撤退和溃散，南京城最终得以和平解放。《新华日报》1949年5月2日的报道，也反映了南京"和平解放"的事实："22日下午，解放军攻克浦口、浦镇，守匪仓皇渡江南逃，并烧毁和炸沉了浦口码头的大部船只。23日上午，南京城内残匪放火焚烧若干房屋，在浓烟烈火弥漫中逃窜出城。当日下午进抵南京东郊的解放军前哨部队，由赖长胜营长率领，由和平门入城，截获匪军企图运走的大批军用物资。同日下午8时，浦口方面的解放军集中了北岸剩余的船只迅速渡江。"

国民党军队撤退前还准备炸掉老江口火车轮渡栈桥，如果成功，将严重影响解放军部队渡江与中断南北火车运输。

老江口栈桥警委秘密党员潘逸舟见状立即喊话制止并用机枪扫射阻止，秘密党员林大宗等一批人闻讯赶来救援，警委与工人一起保护好了这个重要的设施，给正要渡江的解放军以极大的帮助。①

但是，偌大一个南京，只有两千人的地下党，还

---

① 南京市公安局史志组：《开展警察运动 配合南京解放》，《南京党史资料》（22），1988年9月。

是不可能全面顾到，只能保护重点地区。国民党对南京进行了疯狂的破坏，放火烧毁了下关火车站的候车厅、光华门外的飞机场和江边码头。富丽堂皇的下关车站大厦，烧得只剩下一个空架子。4月23日晚8时，国民党空军撤走时埋在光华门外飞机场的定时炸弹爆炸，漫天大火，夹杂着火药的气息，一直烧了好几个小时。他们还烧坏了停泊在长江南岸的大小船只，破坏了码头设施。国民党政府的喉舌——《中央日报》在4月24日直言不讳地承认："政府军于昨日上午10时完成撤退后，把停泊在江边的'青岛'、'沪平'、'三六七'、'二六一'、'三五一'等十多只渡船和一百多只民船都用汽油烧化了。"坐落在南京中山路上的大建筑国民政府司法院和司法行政部大厦也被纵火，熊熊的大火从晚上一直烧到次日凌晨。

尽管对岸的敌人已被肃清，但天上的敌机不断俯冲扫射，还是对我军渡江形成了一定的威胁。可没有一艘轮船退缩，有的轮船在中了敌机的扫射后仍然沉着冷静地航行，使渡江的解放军官兵甚为感动。

24日中午，人民解放军第三十五军其余各部在南京党组织和人民的帮助下胜利渡过长江。首都南京一时成为"真空"地带，这时南京国民党总统府的一大串钥匙掌握在总统府留守负责人——一个共产党员的父亲手里，等待着解放的到来。

一条小木船在长江上六次往返不受阻碍，三艘小火轮、八艘巡逻艇和两艘私人轮渡载着三十五军官兵和辎重渡长江时，也没有后来渲染的受敌人炮火猛烈的轰击下血战的场面。解放军先头部队是在长江岸边南京人民敲锣打鼓和新街口夹道欢迎声中进入城市的。在南京党组织的精心保护和工作下，南京的自来水、电灯照明，一如平日，甚至连报纸也没有停刊，24日凌晨已由南京党组织的同志占领的广播电台，首先宣布了解放军渡江，南京解放的消息……

南京是国民党经营了22年的首都，南京的和平解放是国共大决战中最具标志性的大事件，也是解放战争史上的一大奇迹。南京解放，创造了"北平方式"以外的另一种和平解放方式。

南京和平解放的特点是在解放军兵临城下的形势下，由城市地方党组织全面策反瓦解敌军，广泛发动和组织起各界人民迎接军队入城，兵不血刃地解放。与北平模式不同，北平是被包围后，敌军和我军（通过白区党和民主人士联络）直接谈判解决的。

四十一年后的1990年4月，当年最早入城的三野八兵团司令员陈士榘到上海时找到陈修良，一语中的地说："南京实际上是'和平解放'的，地下党起了里应外合的作用，海陆空军已起义，南京的守敌逃光了，解放军得以和平的方式进入南京。我是首批入城的，要在回忆录中写清楚。"陈修良曾在信中将这次与陈士榘的会面告诉史永："陈士榘同志来沪找我谈话说：'南京实为和平解放的，地下党起了重大作用。'老将军们的回忆不提地下党，他觉得不对。地下党不便提自己的功劳，使历史上许多事讲不清楚，因此他（陈士榘）要写这一段历史。"[①] 后来宋任穷在写回忆录时也承认了这一事实。

4月23日那一天，陈修良忙极了，她需要不断了解市委各条线的活动和战局变化情况，夜间住在鲍浙潮那里（即华德电料行），还听到远处有枪炮声。史永也来到了这个地方，他们坐在楼下，等待天明。24日南京市委负责公务员系统的林徽为陈修良准备好了一辆接收来的吉普车，开车的是一个名叫陈松的党员。三十五军入城后，军部设于中山路307号原励志社旧

---

① 陈修良致沙文威的信（1990年5月19日），《沙、陈自存文档》，2-1109。

址内。天一亮，陈松就把陈修良送到励志社。

陈修良到时，恰好八兵团司令员陈士榘也在一边。他与三十五军干部接头，正在握手说话，他在回忆录中记下："看到从一辆吉普车上走下来一个身穿旗袍的女同志，年龄约三十岁上下。她双目炯炯，英姿焕发，当她见到军政委何克希时，两人不约而同地说'我们会师了！'何克希同志向我介绍说：这就是南京市委书记陈修良同志。说话间，她紧紧握住我的双手激动地说：'陈司令员，总算把你们盼来了！'当时，我深深地被这位巾帼英雄的热情坦诚及其出色的工作所感动。"①

陈修良在回忆与何克希会见情景时说："他忘记了'男女授受不亲'的中国礼教，一下把我抱起来，大声地说：'我们又会师了！'"② 这一情景使旁边的解放军战士着实大吃了一惊，以后一直传为美谈。何克希与陈修良是在新四军根据地党校时认识的，陈修良当时是负责党委工作，何是学员，在南京意外会师，两人惊喜交集。

---

① 陈士榘：《天翻地覆三年间——解放战争回忆录》，中共中央党校出版社，1995，第 309 页。
② 《难忘的岁月——与何克希同志的几次会见》，《陈修良文集》，第 521 页。

图 5-6　何克希

图 5-7　陈士榘

后来陈士榘与陈修良都是新成立的南京市委委员，经常在一起开会，对陈修良有了更多的了解。他感到：在军警林立的国民党政权的心脏，居然能够在陆海空三军和警察部队中都发展和安插了中共地下党员，甚至在保密局、国防部和美军顾问团这样极其重要的机构内，陈修良也都发展和安插进我们的同志。这不仅仅需要勇气，更需要智谋！正是由于以陈修良为首的中共南京市委获得大量绝密的军事情报，如"京沪杭沿线军事部署图"、"长江北岸桥头堡封港情况"、"江宁要塞弹药储运数量表"、"京沪杭作战方针及兵力部署"等等。这些情报为我军的渡江作战提供了巨大而独特的帮助。没有南京地下党的富有开创性的工作，解放大军渡江将会遭遇很多麻烦，会增加大量的人员伤亡。

陈士榘在回忆中又说："对解放后的南京，陈修良也有极强的政策水平和领导能力，她对南京市情非常熟悉，无论是风土人情人文地理，还是各个阶级各个阶层的动态，抑或是南京工商业的现状，治安的维护，她的点子常常获得满堂喝彩。中共南京市委的好多政策和法规，都是出自陈修良的智囊库。"[①]

4月24日在军部里，陈修良还见到了老战友陈同生[②]，陈同生是第三野战军的联络部长，一见到陈修良，连忙从里面取出一包东西送给她。

"这是什么？"陈修良问。"这就是你要的电报密码"。市委策反部日夜盼望的密电码现在才到来，可现在它已经是明日黄花了。陈修良深感遗憾地说："现在已经解放了，不用秘密电报了。"因为无此密码，在解放斗争中耽误了多少大好事！陈修良只得苦笑了一下，后来她原封不动地把密码还给了刘伯承。

---

① 陈人康策划、口述，金汕、陈义风著《一生紧随毛泽东——回忆我的父亲开国上将陈士榘》，人民出版社，2007，第63—67页。

② 陈同生（1906—1968）曾与陈修良在华中党校和建大以及南京、上海共事。《陈同生生平纪略》，《陈修良文集》，第504页。

那天，陈修良与宋任穷和何克希初步交流了解放南京的情况后，仍然回到鲍浙潮家。由于她的身份已经公开，何克希派了两个战士给她做警卫员。这可是惊动了四邻："我们以为张太太是有钱的太太，每晚出去打麻将，原来她是冒着危险的人物，不是在外面打牌，她在外面活动。"连华德电料行的伙计们都为之咋舌。

她不再做"老板娘"了！她说当时的心情是："我完成了党给我的任务，为南京的解放感到无比的光荣。"认为成功的会师就是获得了胜利，今后主要是按照《共同纲领》，建设新中国，实现多年追求和平民主强国富民的理想。

种种事实表明，蒋介石失败的主要原因如下：

第一，信仰、主义的对立。蒋介石是法西斯主义，不得人心，众叛亲离；共产党当时宣传的共产主义，解放人民，民主制度，建设独立、自由、富强的新中国，深得民心。人心向背，决定了谁胜谁负。这是国民党中大批党政军高级将官被策反的根本原因。当然，主义和信仰光靠宣传是不够的，关键是实践。任何政权，要长治久安，务必真正为人民谋幸福，不能维护少数贪官污吏的利益。

第二，经济崩溃。有专家研究，20世纪30年代，国民党的文官制度是采用西方的制度，应该说是先进的，所以一度出现繁荣。但后来不断的内战、日本侵略、官员腐败，使经济终于崩溃，民生凋敝，政权哪有不倒之理。

第三，用人政策。蒋介石用人唯亲，重用者，或亲信，或救过他命的人，或保定军校和黄埔军校的同学、学生和他们的子弟。其中少数是有才者，但不能以信仰和良好的政治维系他们的忠诚。

这些历史教训，应该为后人所吸取。

六　历史不应遗忘

（一）秘密战士牺牲多　　无名英雄谁知晓

　　隐蔽战线上的斗争是极其危险与残酷的，特别是"策反"工作，因为要动员大批国民党将领战士起义，保密工作很难做得周全，所以，如王晏清御林军起义和贾亦斌预干总队的起义，虽然策划是成功了，但最后只有很少人到达解放区。大多数起义者或战死，或被打散，或被抓走后处死了。还有些策反工作功败垂成，被镇压了。所以，策反工作往往要付出血的代价，许多战士当场牺牲在这条战线上。例如以下几次起义和血案。

　　周镐策动国民党第一绥靖司令刘汝明起义。周镐，

1910年1月出生于湖北省罗田县，1928年考入桂系第四集团军随营军校（该校后改称中央军校武汉分校，黄埔军校后身）步兵科第七期。曾参加"一·二八"淞沪抗战和抗日反蒋的福建事变，事后到汉口被国民党宪兵四团逮捕，罪名是"参加叛乱"。庆幸的是，负责审讯他的是他的一位旧友。这位朋友并不审讯他，反而是竭力劝导他："兄弟，你是黄埔出身，何不加入复兴社？这样，过去的一切就可以一笔勾销了。"周镐遂同意试一试。就这样，周镐参加了复兴社特务处，这就是后来的国民政府军事委员会调查统计局（简称军统），于是开始了他十二年的特务生涯。

1941年底，周镐受戴笠派遣，从四川到南京，潜入汪伪中央军委任少将科长，后任少将参议、军统南京站站长。此时结识曾在汪伪机关工作过的共产党员徐祖光（即徐楚光，系周镐湖北同乡，中央军校武汉分校步兵科同学，由中共派遣打入汪伪军委会政治部任情报局上校秘书、陆军部第六科上校科长等职）。周镐利用自己任职的汪伪军委会军事处第六科掌握着军事物资运输的汽车和火车车皮，给新四军运送盐和物资，也曾资助过徐祖光一些钱款做活动经费。

1945年8月14日周镐被委任为京沪行动总指挥

部南京行动总队总指挥，下令逮捕了汪伪中央陆军军官学校校长鲍文樾、南京市市长周学昌等。但不久，国民党重庆方面怀疑周与中共有联系，将他转交军统关押审查。因无证据，1946年3月出狱。出狱后与徐祖光秘密联系，由中共中央华中分局、华中军区负责人邓子恢、谭震林亲自签署，委任为京（南京）、沪（上海）、徐（徐州）、杭（杭州）特派员。1948年11月，淮海战役拉开战幕，华东军区政治委员陈丕显电示周镐争取孙良诚部起义。周镐接电后，率人火速追赶向徐州方向奔逃的孙部，冒着生命危险，将孙良诚带到解放军指挥部。在兵临城下的情况下，13日，孙部5000余人放下武器。19日，陈丕显转告周镐，希望他与孙良诚再策动国民党第一绥靖司令刘汝明起义。1949年1月周镐与孙良诚、王清翰（国民党一〇七军副军长）等人同往争取国民党刘汝明兵团起义时，不料孙良诚突然叛变，周镐与王清翰二人即被刘扣押并解送徐州"剿总"。蒋介石闻讯又恨又怕，密令将二人押送南京，活埋于保密局看守所，周镐牺牲时年仅40岁。

张权将军策划的上海起义。张权，早年在保定军官学校受训，因成绩优秀，未毕业就被保送至日本留学。

1922 年回国。这时他已经与共产党有接触，赞成共产党的主张和理想，并一直保持联系。他投身广东国民革命，参加北伐战争，任第六军十九师副师长，在战争中屡建奇功。蒋介石发动反共政变时，张权曾放走周保中（后为东北抗日联军司令）等多人。抗战中任国民党军中唯一的师级装甲车团团长。后来组建 8 个机械化炮兵团（师级），在缅甸战役中，一天击毁日军 40 余辆坦克，晋升为中将总队长。他会多种外语，撰写了一系列军事著作，被称为中国机械化反装甲兵种创始人。

抗战期间，他多次会见周恩来和董必武，并在他们资助下，创办《生力》杂志，由中共联络员李正文任主编，积极宣传抗日，反对妥协投降，在国民党上层人物中产生很大影响。

1949 年 1 月，蒋介石布防长江，企图顽抗。张权遵照中共上海局指示，以视察员身份巡视长江全线兵力，发现江西湖口至当涂采石矶一段国民党兵力薄弱，武器陈旧，士气低落。张权花了三天三夜，把国民党全线兵力状况画出图来，并建议解放军在湖口、当涂一带进攻，突破后包抄南京。然后，他把此情报图交给中共联络员陈约珥直送解放军前线指挥部，为解放军突破江防做出了重大贡献。

4月下旬，南京解放后，解放军直逼上海。张权听从中共安排，在国民党上海守军中积极准备起义，并由沙文汉传达，被中共任命为上海起义军司令，李正文为政委。他所制订的起义计划也被批准。但在最后时刻，被协助他起义的国民党一三二师师长李

图6-1 张权

锡佑的部下出卖，张、李随即被捕。二人在严刑拷打下，宁死不屈。蒋介石为避免影响，在上海解放前夕（5月21日），全城戒严，将二人以所谓扰乱金融的罪名，在上海闹市区大新公司（今第一百货商店）门前杀害。[①]

国民党民革派策划的南京暴动。民主党派由于组织不严密，策反活动也多有失败，损失更为惨重。如中国国民党革命委员会1948年1月成立后，李济深十分重视对国民党军队的策反工作，他说："我们应该去尽力瓦解蒋介石的军队，来配合中共的军事进攻。"为此，民革中央常务委员会专门讨论了中共的军事工作问题，成立了由李济深、蔡廷锴、谭平山、龙云、杨杰、王葆

----

① 王亚文：《张权烈士传略》，《沙、陈自存文档》，4-1023。

真、朱蕴山、梅龚彬等人组成的军事小组，通过了军事工作要点，并决定授权李济深主席设立秘密机构，与中共华南局、中央局取得联系，配合进行策反工作。为了进行这一工作，民革中央选派了不少得力干部秘密回国，一面在国内建立民革组织，一面担任军事特派员等职务，开展策反活动。如民革中央常委王葆真，被派往上海，一面担任民革上海区临时工作委员会负责人，负责领导上海、南京等地的民革组织，一面担任民革华东军事特派员，负责领导华东地区的军事策反活动。

1949年1月，人民解放军取得淮海战役胜利和蒋介石被迫下野后，解放军直抵长江北岸。国民政府首都的军政官员万分恐慌，不少国民党机关向广州迁移，许多要员及其家属争着向南逃跑，南京的社会秩序乱成一团。这时为了迎接人民解放军早日过江，南京民革主任委员孟士衡等便策划在南京组织一次5000人以上规模的暴动。南京市民革于1948年建立，由上海区临时工作委员会负责人和华东军事特派员王葆真直接领导。市民革建立后，就在南京宪兵警察部门中秘密吸收民革成员，并通过这些成员掌握了一支约5000人的宪兵武装，孟士衡等便决定依靠这支武装力量，再发动一些大专院校的学生支持，举行首都暴动。暴动的主要计划是：（1）截断沪宁铁路线，控制飞机场，扣留国民党军政首脑；（2）成立南京人民临时政府；（3）迎接人民解放军过江，并与中共江淮军区党委取得联系。暴动计划确定后，1949年2月上旬，孟士衡亲自去上海向王葆真汇报，以便做最后决定。此时上海民革组织也正在积极进行策反活动，并计划在上海发动暴动，与南京的暴动相呼应。但不幸，在孟士衡去上海前，民革首都暴动计划已被国民党特务侦知，因而在孟士衡去上海时，国民党就在上海、南京两地同时出动了大批军警特务，将沪、宁两地的民革主要成员王葆真、孟士衡、夏奉瑛等四五十人逮捕，使这次暴动计划失败。5月9日，南京民革成员孟士衡、肖俭魁、吴士义三人在上海宋教仁公园被国民党杀害。王葆真等数十人，因民革中央的大力营救只是被关押起来，于上海解放时获释出狱。

（二）全国欢庆解放时　战士血洒台湾岛

吴石生于1894年，福建省闽侯县人，早年曾参加辛亥革命，后受业保定军校，与白崇禧是同学，由于学业优秀，总是全校第一，被称为"保定军校状元"。

毕业后任福建省军事参谋处处长，继赴日本留学，先后就读于日本炮兵学校、日本陆军大学，毕业成绩也都名列两校第一。1934年，吴石毕业回国后任参谋部厅长，专门负责对日情报工作。武汉会战前后，蒋介石特地每周召见他一次，深受嘉许。

但吴对国民党的官场腐败深切愤恨，对中共则怀有好感，读过毛泽东的《论持久战》等军事著作，在武汉珞珈山听过周恩来的演讲，与八路军办事处的叶剑英等中共人员有过交往。1938年8月，吴石在武汉会战期间主持"战地情报参谋训练班"，专门邀请周恩来、叶剑英去讲游击战争。吴石的同乡、保定军校同学吴仲禧（时任韶关国民党第四战区长官部军务处长和警备司令）和另一位至交何遂（时任国民政府立法院军事委员会委员长）对吴石影响很深。

1940年底，吴石因在桂南会战中组织一场关键战役，取得大胜，得到白崇禧推荐，担任第四战区中将参谋长。但在湘桂战役和抗日胜利后的接收工作中，他看清了国民党军政惊人的腐败现象和本质，彻底失望，决心另找出路。

1947年4月，经何遂介绍，吴石与中共联络员王亚文见面后，即会见华东局书记刘晓等人，双方正式建立联系。吴石那时经常往返于沪宁之间，不断送来重要情报，以何家为中转站，递交给华东局。

吴石给中共的第一份大礼物是1948年6月，淮海战役前夕，吴仲禧改任国防部中将部员，被派往"徐州剿匪总指挥部"服务。吴仲禧到南京后见到吴石，吴石亲笔写了一封信给他的学生、"徐州剿总"参谋长李树正，说吴仲禧是他多年的挚友，多加关照。李见信后，对吴仲禧信任有加，亲自带他到总部的机要室看作战地图。吴仲禧托病返回时，即把此情报提供给上海地下党负责人潘汉年，为淮海战役的胜利做出了重要贡献。

1948年9月至1949年1月，中国人民解放军挥师逼近南京。稍前，在讨论国民党国防部保存的大量机密档案时，国防部长白崇禧、参谋总长陈诚主张直运台湾，而吴石则以福州"进则返京容易，退则转台便捷"为理由，建议暂移福州。国民党当局采纳了他的意见。

吴石之所以要将这批机要档案转移到福州，是因为他得悉他将出任福州绥靖公署副主任，打算一旦时机成熟就在福州起义，将这批军事机要档案献给中国人民解放军。1949年5月，吴石到福州正式就任时，国共谈判已破裂，国民党当局要他到台湾去，并命他把500箱重要军事机要档案资料运往台湾。吴石则以

"军运紧，调船难"为借口，仅将百余箱参考资料、军事图书权充绝密档案，列为第一批，派人先运台湾。紧接着第二天，吴石又下达"死命令"，当晚将档案全部转移到位于仓前山的福建省研究院书库匿藏，并向研究院院长黄觉民（黄是吴的挚友、民主人士）做好交代。终于把这批无价的档案资料留给了中共。他拒绝了中共要他留在解放区的建议，认为自己的决心已经下得太晚了，为人民做的事太少，现在既然还有机会，个人风险算不了什么。

吴石抵台后，就任国民党"国防部参谋次长"。1949 年 10 月和 11 月，解放军攻打金门和舟山群岛先后失利，台湾的情报工作显得极为重要。为尽快取回吴石掌握的重要军事情报，华东局领导决定派长期在上海、香港从事情报工作的女党员、陈修良少年时在宁波女师的同学朱枫（朱谌之）赴台与吴石联系。

原来朱枫从宁波女师毕业后，远嫁东北一富裕陈姓人家，但此前，丈夫与原配已有子女数人，后朱枫又生下女儿陈悼如（后改名朱晓枫）。

九一八事变后日本入侵，东北水深火热，丈夫过世，朱枫带着女儿回到家乡镇海，与加入共产党的革命青年朱晓光结婚。陈氏子女后来投入国民党，并成为国民党上层人士，有的还是国民党特工。

朱枫跟着丈夫朱晓光，在新四军的随军书店工作，因她工作非常干练，被派往上海、桂林等地，从事左翼文化宣传活动，又认识了新知书店的经理徐雪寒。抗战胜利后，由徐雪寒和史永（沙文威）介绍，加入了共产党。

1948 年她被派往香港，新中国成立后，她正准备返回上海与家人团聚，但中共华东局为了与去了台湾的吴石将军重新联系，要找一位适当的人选，选中了朱枫，因为她前夫的女儿陈志毅与丈夫王昌诚在台湾，有一定的社会关系，身份比较容易隐蔽。

随后朱枫化名朱谌之（陈太太）从香港抵台，与华东局台湾工作委员会负责人"老郑"（中共台湾省工委书记蔡孝乾）取得联系。一个星期后，朱枫来到吴石将军的寓所，从他手中接过全是绝密军事情报的缩微胶卷。内有"台湾战区战略防御图"，最新编绘的舟山群岛和大、小金门"海防前线阵地兵力、火器配备图"，台湾海峡、台湾海区的海流资料，台湾岛各个战略登陆点的地理资料分析，海军基地舰队部署、分布情况，空军机场并机群种类、飞机架数。另外，还有"关于大陆失陷后组织全国性游击武装的应变计划"等。

几天后，这批情报迅速通过香港传递到华东局情报部。其中，几份绝密军事情报还呈送给毛泽东主席。

但是，1949年10月31日，国民党保密局逮捕了台湾省工作委员会委员陈泽民，根据其供词，于1950年1月逮捕了蔡孝乾。蔡孝乾（又名蔡乾、"老郑"），时任台湾省工作委员会书记，从1946年4月起，作为中央首批干部从上海搭船进入基隆、台北活动，陆续成立了台湾省工作委员会、台北市工作委员会等组织。

蔡孝乾被捕后，在一周内供出了所有同志，造成200多名①中共党员被捕。国民党当局采取铁血手段，书记以上不叛变者悉遭枪决。其中包括吴石和副官聂曦、原联勤总部第四兵站总监陈宝仓等一批高级军官，还有中共华东局派来的计淑人、钱琴、潘星南、张志忠（省工委武装部部长）、季云（张志忠之妻）等。

当吴石感到自己可能暴露时，一再催促与中共有秘密情报关系、已奉调入台的何遂（国民党"立法委员"）火速离开虎口。他说："我不要紧，有国防部

---

① 当时国民党宣传的是有400多名，实际只有200多名，名单中有的是原名与化名重复，有的是假名，实无其人。

参谋次长这块牌子掩护，你快走!"并替何遂买了去香港的飞机票，亲自开车送何到机场，直到何上了飞机才离开。

1950年2月2日，吴石探知蔡孝乾叛变真相后，立即派遣副官聂曦紧急约见朱谌之，告诉她化名"老郑"的地下党工委书记蔡孝乾已经被保密局抓获，并且供出了特派员就是朱谌之，当局随时都可能对她下手，情况万分紧急，她必须立即转移。吴还为朱谌之签发了一张特别通行证，搭乘军用运输机飞赴舟山，准备伺机乘船前往上海。但已经来不及了。

保密局从蔡孝乾的笔记本上查见有吴石的名字后，蒋介石令参谋总长周至柔搜查吴宅，查到了他亲笔签发给朱谌之的特别通行证，于是立即下令逮捕吴石、朱谌之。朱在舟山被捕后，曾从皮衣夹缝中掏出金链、金镯，分四次将二两多重的黄金吞服，但最终自杀未遂，被押解回台湾，与吴石一同受审。在狱中，朱谌之受尽严刑拷打，但始终坚贞不屈。1950年6月10日，在台北马场町刑场，吴石和朱谌之在蒋介石的亲自督办下被枪杀，一起就义的还有吴石的亲密朋友"联勤总部第四兵站总监"陈宝仓中将、亲信随员聂曦上校。这件事成为隐蔽战线上又一场黎明前发生的大悲剧。

当时国民党没有搞"株连九族"那一套，通知家属领走了吴石的遗体，然后他们得以迁居美国（1994年4月22日，吴石夫妇遗骸回国，合葬于北京西郊福田公墓）。但陈家没有去领朱枫的遗骸，因此朱枫的遗骸被国民党某单位处理了。

陈修良获讯后悲痛万分，深切悼念这位少年时的好友。1990年，朱枫家乡宁波举行"朱枫烈士牺牲四十周年纪念会"，中共中央派原周恩来总理办公室副主任、国务院副秘书长罗青长主持。1995年朱枫故居成为"朱枫烈士纪念楼"。陈修良还撰写了纪念朱枫

图 6-2　朱枫、吴石被处决前在台湾法庭上签字

图 6-3
朱枫血洒台北街头

图 6-4　吴石将军夫妇墓，墓碑旁站立者
为吴石之子吴韶成

的文章。朱枫当年因陈母为掩护江苏省委机关，搬入上海巨鹿路景华新村 22 号，缺少家具，送给陈馥一张八仙桌和四把椅子放在客厅使用。如今已捐赠朱枫烈士纪念楼展出。

1999 年，台湾著名记者徐宗懋为编辑《二十世纪台湾》画册，在许多单位的档案室搜寻有价值的历史照片，发现了朱枫被刑讯和枪杀的照片，发布单位是"军事新闻社"，发布时间是 1950 年。

在徐宗懋的努力下，2000 年台湾决定以"文化局"的名义在"二二八纪念馆"的地下展厅举行特展。8 月 25 日，《1950 仲夏的马场町——战争、人权、和平的省思》特展在当时在野党的国民党籍台北市长马英九主持下揭幕，意在反省过去国共内战的历史，宣传和平、人性和人道主义精神。

朱枫的女儿朱晓枫得知此事后，非常盼望母亲的骨灰能回到故土。她感慨："母亲重感情，但能为了事业牺牲个人的一切。母亲牺牲在全国大陆已经解放的 1950 年，她一天也没有享受过解放后的幸福生活，更没有盼到与家人团聚。"

朱晓枫还提供了陈修良写的文章给台湾的徐宗懋，其中详细讲述了朱枫的家世和历史经历，给寻找朱枫遗骸提供了很大帮助。

古道热肠的徐宗懋先生，后来又费了许多周折，在台湾军政和学术界多人帮助下，花了数年时间，终于在台北市六张犁灵骨塔的 233 号骨坛里，找到了写着"朱谌之"三个红字的朱枫骨骸。朱晓枫多年的愿望终于实现。

2010 年 12 月 9 日，朱枫烈士的骨骸由台北运到北京，暂厝于专门安葬烈士的北京八宝山公墓，2011 年 7 月 14 日在家乡宁波镇海举行公祭，安葬在当地的烈士陵园。

中国共产党领导的第二条战线有传奇的特殊性，并且极其危险与残酷，牺牲了无数的战士，也为革命的成功做出了极大的贡献。但是，后人在回看这种奇特的历史现象时，往往会产生不同的视角。请看附记中的两幅油画。

2014 年 11 月　初稿

2017 年 7 月　二稿

附记　两幅油画的诉说[*]

1976 年，上海画家陈逸飞、魏景山合作了著名历史画《占领总统府》：一群英武的战士，荷枪实弹冲上伤痕累累的南京国民党"总统府"顶楼，升起一面红旗。背景是笼罩在浓烟战火中的城市。

2010 年，上海画家李斌重构了这个已成经典的画面：升旗的战士成为背景。一位身着白色旗袍的女性，与一位解放军指挥官握着手，站在"总统府"顶楼的最前端。

他们身后，是一大群穿着、神态各异的人。有西装革履，有长衫礼帽，有解放军制服，有国民党陆海空军制服……景深处一片祥和，南京城晴空万里。

这幅油画的名字就叫《424 晴空万里·南京 1949》。

---

　　*　本文原刊《南方周末》2014 年 10 月 23 日，作者冯翔，原题为《总统府晴空万里　一幅画背后的历史》，收入本书时有删节。

图附-1 1976年陈逸飞、魏景山合作的《占领总统府》

图附-2 2010年李斌作的油画《424晴空万里·南京1949》

强攻计划取消

这幅画起源于李斌在网上看到的一些党史研究文章，主要结论是：南京城不是打下来的。

身着白色旗袍的女性，是中共南京地下市委书记陈修良。1946年，她是中共派到南京的第九任最高领导人，前八任大多牺牲了。

1949年4月23日上午，国民党"京沪杭警备总司令"汤恩伯面临解放军全面包围，决定弃城而走。攻打南京的解放军第八兵团司令员陈士榘制订了全面炮轰南京的强攻计划。由于南京地下党的及时联系，强攻计划取消，没有出现《占领总统府》中浓烟战火的惨烈局面。

陈修良发动2000名地下党员、2000名南京警察与近万名群众配合，解放军几个小时便渡过长江，顺利接管南京。国民党撤退前曾计划炸掉南京老江口的火车轮渡，被地下党用机枪扫射制止。火车轮渡一次便能运送一个团的部队，刘伯承、邓小平都是坐着轮渡过江的。接管南京的过程中，南京电力、自来水未停，公共交通正常，报纸按时出版。

画面里和陈修良握手的是第八兵团司令员陈士榘。

旁边是三十五军政委何克希和几位解放军高级指挥官，包括一张圆胖脸的第三十五军军长吴化文。吴化文曾倒向多种势力，最后一次是1947年宣布起义，部队被改编为中国人民解放军三十五军。首先进入南京城的，正是这支部队。

陈修良左下方是她领导的几位地下党高层，其中包括她的小叔子史永——策反部部长。右边是起义的B-24轰炸机飞行员俞渤、"重庆号"巡洋舰舰长邓兆祥、南京警卫师师长王晏清等国民党军官。

最左上角，戴眼镜着长衫、表情平和的方脸中年人，是国民党末任最高检察长，被称为"世界五十位最杰出法学家之一"的杨兆龙。陈修良通过他取得国民党司法行政部长张知本、代总统李宗仁的同意，释放了全国被国民党关押的一万多名共产党员、政治犯，有些是已经判处死刑的。

为了寻找这些历史人物1949年前后的照片，李斌花了好大力气。他甚至和这些历史人物的后代成了朋友。画作展出时，不少历史人物的后代来看画，他们很满意，但也有人提出质疑：怎么能把吴化文画得那么正面？

"吴化文的儿子对我说：他爸当年带兵投降日本

人，是国民党秘密安排的。"李斌回忆，"这到底是不是真的，我就搞不清了"。

"南京实为和平解放的，地下党起了重大作用。"陈士榘、宋任穷等人在回忆录中都肯定了这一事实。

陈修良于 1998 年去世，享年 91 岁。去世前她已双目失明，就躺在床上做口述历史，留下了四十盘录音带。陈修良留下的工作，由她的女儿沙尚之继承。在华东师范大学和宁波有关部门的帮助下，这六千多份文档全部制成电子版，目前正在整理，把手写件和扫描件变成打字版本，已经提供给很多历史学者做研究。两年前，沙尚之为母亲出版了传记《拒绝奴性：中共秘密南京市委书记陈修良传》。

从 1920 年代的党建工作、国际共产主义运动的传播，到联合抗日、地下战线、情报工作、"大跃进"、反右运动、"文革"……这份档案，已经远远超出了陈修良个人经历的范畴。

图书在版编目（CIP）数据

大决战中南京秘密战线／唐宝林著．—北京：社
会科学文献出版社，2022.3（2023.12重印）
ISBN 978-7-5201-9728-1

Ⅰ．①大…　Ⅱ．①唐…　Ⅲ．①中国共产党-地下斗争
-史料-南京　Ⅳ．①D235.531

中国版本图书馆 CIP 数据核字（2022）第 024482 号

大决战中南京秘密战线

著　　者／唐宝林

出 版 人／冀祥德
责任编辑／李丽丽
责任印制／王京美

出　　版／社会科学文献出版社·历史学分社（010）59367256
　　　　　地址：北京市北三环中路甲29号院华龙大厦　邮编：100029
　　　　　网址：www. ssap. com. cn
发　　行／社会科学文献出版社（010）59367028
印　　装／三河市东方印刷有限公司

规　　格／开　本：787mm×1092mm　1/32
　　　　　印　张：10.25　字　数：157千字
版　　次／2022年3月第1版　2023年12月第2次印刷
书　　号／ISBN 978-7-5201-9728-1
定　　价／59.00元

读者服务电话：4008918866